FCバルセロナの
人材育成術

Barcelona

なぜバルサでは勝利と育成が両立するのか

Albert Puig Ortoneda
アルベルト・プッチ・オルトネーダ
村松尚登［監訳］

ACHIEVEMENT PUBLISHING

監訳者による解説

監訳を引き受けるにあたって

コーチ留学のため私がバルセロナの地に降り立ったのは1996年のことです。当初は2年間の予定だったのですが、気が付けばバルセロナでの生活は10年を越えていました。ほぼ毎年のようにクラブチームを渡り歩き、様々な規模とレベルのクラブチームで指導経験を積んだ後、幸運なことに2006年からは、現地バルセロナにあるFCバルセロナスクールで唯一の外国人指導者として指導に携わることができました。そして現在は、2009年に福岡に設立されたFCバルセロナスクール福岡校で指導に携わっています。

今回の監訳のお話を頂いた際、私自身にこの仕事が上手くできるのか、若干不安を感じたのですが、著者のアルベルト氏（2011年より、FCバルセロナの下部組織のテクニカルディレクターに就任）とは交流がありますし、原著に込められた彼のメッセージはまさしく私が日々指導現場で感じていることであったため、慣れない仕事ではありますが監訳の仕事を快諾することにしました。著者が原著を通じて読者の方々に伝えようとしているメッセージが日本の読者の方々にも上手く伝わるための架け橋として、私がお役に立つことができれば幸いです。

本書のまえがきで紹介されている著者の人生を変えたペレラーダの「事件」が起こった当時、私は現地のFCバルセロナスクールで指導をしていたのですが、著者が本書のなかで説明している通り、この「事件」はスペイン全土のマスコミに大きく取り上げられ、まさしく彼は「時の人」となりました。

ジュニア世代の育成に本質的に必要なこと

FCバルセロナ。そして、メッシ、イニエスタ、シャビ、プジョル……。

このスペイン・カタルーニャ地方のクラブチームが現在世界で最も注目を浴びているクラブチームであることはよく知られていると思います。

流れるような華麗なパスで相手を翻弄し、強固なディフェンスを鮮やかに崩してゴールを決める。その美しすぎるほどの攻撃は、サッカーファンならずとも見ているすべての人をうっとりさせてしまいます。

また、他のビッグクラブが大金をはたいて有名選手を他クラブから獲得しチームの強化を試みているなか、「美しく勝つ」という難題を成し遂げているFCバルセロナが多くのカンテラーノ（同クラブの下部組織育ちの選手）の活躍によって支えられている点も、FCバルセロナが世界中の注目を浴びている大きな理由です。現在のFCバルセロナの中心選手であるビクトル・バルデス、プジョル、ピケ、ブスケッツ、シャビ、イニエスタ、セスク・ファブレガス、ペドロ、そしてメッシは全員カンテラーノです。そのため、各試合のスターティングメンバーの過半数は常にカンテラーノで占められており、ピッチに立っている11人中8人や9人がカンテラーノの時も珍しくありません。

つまり、しばしば不可能だと思われている「勝利と育成の両立」を、FCバルセロナは世界のトップレベルにおいても実現可能であることを実証しているのです。そのため、「選手を育てようと思えば試合に勝てない。試合に勝とうと思えば選手を育てられない」というジレンマを感じている人にとっては、FCバルセロナはまさしく「憧れ」や「理想像」に映ることでしょう。しかも、見ていて退屈な試合内容とともにタイトルを獲得しているのではなく、見ている者を魅了する美しいパスサッカーとともに勝利を手にしているわけですから、非の打ち所がありません。

本書は、そんなFCバルセロナの成功の源といっても過言ではない下部組織のテクニカルディレクターを務めるアルベルト・プッチ・オルトネーダ氏（原著が執筆された当時、彼は一指導者でしたが、その後2010年夏に、テクニカルディレクターに就任）が、若手選手の育成において何が重要なのかを、様々な角度から掘り下げ、浮き彫りにしようと試みたものです。

読者のなかには、もしかしたらメッシやイニエスタのような選手を育てるための技術的な指導方法を期待している方がいるかもしれません。しかし本書で語られているテーマのほとんどは、子どもたちの「人間教育」や「メンタリティー」に関わることです。それも、むしろ潜在意識に近いくらいの、深い部分の「人格形成」に焦点を当てています。

FCバルセロナをはじめとする世界のトップクラブの下部組織では、学業（＝勉強）や人間教育にはあまり力を入れずにサッカーのトレーニングばかりにエネルギーを注いでいると思われがちですが、決してそうではありません。本書のなかでアルベルト氏が何度も強調している通り、第三者が想像している以上に、FCバルセロナでは子どもたちの学業や人間教育をとても重要視しています。その意味で、本書は日本のサッカー指導者や選手や保護者たちが陥りやすい過ちに気付き、それを修正していくためのきっかけになり得る有意義な内容になっています。

本書では、ＦＣバルセロナの下部組織における育成の様子が描かれています。必然的に読者対象は「プロ選手になることを夢見る子どもたち」とその指導者および保護者になっており、「ワールドクラスで活躍できる選手になるためには」という問いに対する一つの答えとして、メッシやシャビ、イニエスタ、プジョル、そしてジョゼップ・グアルディオラなど、多くの登場人物の言葉が引用されています。特に、子どもたちが憧れるメッシをはじめとする現役選手たちの生の声は、子どもたちの心にきっと深く響くことでしょう。

また、本書で取り上げられている「勝者のメンタリティー」は、決してサッカーの試合に勝つためだけに必要なメンタリティーではなく、もっと広い意味での「克己（＝自分の感情・欲望・邪念などに打ち勝つこと）」を意味していますので、サッカー以外のスポーツに取り組んでいる子どもたちはもちろんのこと、スポーツをやっていない子どもたちにとっても、同じように大切なメンタリティーだと私は思います。ですから、プロになることを夢見る子どもたちやその指導者、保護者の皆さんだけではなく、子どもの教育や成長に興味のあるすべての人に、是非、本書を読んで頂きたいと思っています。もちろん、ＦＣバルセロナのファンの方々にとっても、同クラブの選手育成の成功の秘訣が記載されている本書は、とても興味深い内容だと思いますので、是非読んで頂きたいと思います。

ただし、スペイン語の原著はもともと日本の不特定多数の一般読者を対象にして書かれたものではありません。FCバルセロナという世界的にもユニークなクラブを舞台に、スペイン人――スペインのサッカー事情や同クラブの歴史に詳しい人――を読者対象として書かれたものです。その点で翻訳の修正には気を使いましたが、言葉の奥にある文化的・歴史的な「意味」までは、日本の一般読者には上手く伝わりにくい部分が少なからずあります。

また、行間から意味を拾わなくてはならない部分もあります。日本の読者に「ここを読んでほしい」というところがたくさんあるのですが、スペインのサッカー事情に詳しくない人にとっては、正しく理解するのが難しいかもしれません。

そこで、本編に入る前にFCバルセロナというクラブチームについての予備知識やスペインのサッカー事情、そして本編の「読み方」について、いくつか私の方から補足させて頂こうと思います。

ヨハン・クライフがFCバルセロナにもたらしたもの

まず「なぜFCバルセロナの育成が成功しているのか」について話しましょう。

プロのサッカークラブには下部組織というものがあり、それぞれの年代ごとに選手を育成しています。これは日本のJクラブでも同じです。スペインでは、この下部組織を「カンテラ」と呼びます。カンテラとは「採石場」のことを意味します。そこではまさに、いずれ世界の大スターとなるかもしれないダイヤモンドの原石が育てられているわけです。

カンテラは年代ごとにプレベンハミン（6～7歳）、ベンハミン（8～9歳）、アレビン（10～11歳）、インファンティル（12～13歳）、カデッテ（14～15歳）、フベニール（16～18歳）に分けられ、多くのクラブチームではそれぞれのカテゴリーにAチームとBチームを持っています。更に、フベニールAの上には、トップチームの2軍にあたるサテライトチームがあります。そして、それぞれがトップチームと同じように長期リーグ戦を年間を通じて戦っています。

カンテラの仕組みはスペイン共通で、それぞれのクラブが将来の輝く原石を育成しているわけですが、FCバルセロナのカンテラは昔から多くの素晴らしいサッカー選手を輩出することで有名で、世界的に高く評価されています。

現在でいえば、シャビやメッシ、イニエスタ、セスク、プジョル、ピケ、ブスケッツ、ビクトル・バルデスといった錚々たるメンバーは、いずれもFCバルセロナのカンテラ育ちです。なぜFCバルセロナのカンテラから、次々に世界のスーパースターが登場するのでしょうか。それは、選手育成に力を入れるのと同時に、育成した選手を積極的にトップチームに昇格させて試合で起用するという「文化」が同クラブにあるからです。
その「文化」は1899年の創立以来、100年以上の歴史のなかで次第に醸成されたものでしょう。しかし、ある時期ハッキリとそれをクラブの特徴として染み込ませた人物がいます。オランダ人のヨハン・クライフです。

クライフはオランダのアヤックスというクラブチーム出身の選手で、1973年から6年間、FCバルセロナで活躍しました。1988年からは監督となり、FCバルセロナをリーガ・エスパニョーラ（スペイン・プロサッカーリーグ）4連覇に導き、FCバルセロナファンを熱狂の渦に巻き込みました。

クライフが監督としてFCバルセロナに戻ってきた際、彼は自分が子どものころから育ったアヤックスの選手育成手法を積極的にFCバルセロナのカンテラ（下部組織）に導入しました。その一つが「トップチームからカンテラの最年少カテゴリーまで、全く同じ戦術、同じシステムで戦う」というものでした。

当時のクライフ監督は、ディフェンス3人、ミッドフィールダー4人、フォワード3人という、アヤックスの「3–4–3」システムをFCバルセロナに導入しました。このシステムでは個々の選手の役割分担が厳しく決められており、全体が組織として動かなければ攻撃も守備も機能しません。現在の日本代表監督のアルベルト・ザッケローニも同システム（厳密にはクライフとザッケローニの3-4-3システムは似て非なるものですが、戦術的難易度が高いという点では共通しています）を導入しようとしていますが、「4-2-3-1」の布陣に慣れている日本選手には一朝一夕にはフィットしません。プロのトップ選手でさえ、簡単には習得できない難しいシステムです。

しかし、小学校低学年でサッカーを始めた子どもたちにも、この「3-4-3」システムにおける各ポジションの役割を叩き込み、成長していく段階でも常に「3-4-3」システムのなかでサッカーをしていれば、トップチームに抜擢した時に難しい戦術理解からスタートしなくても済みます。18歳ともなれば、FCバルセロナの戦術のベテランになっているからです。

現在のFCバルセロナは「3-4-3」システムではなく「4-3-3」システムを採用していますが、クライフ監督が導入した「トップチームからカンテラまで戦術とシステムを統一する」という手法に変わりはありません。それゆえに、現在のFCバルセロナのカンテラでは、トップチームを率いるグアルディオラ監督が採用している「4-3-3」が下部組織のすべてのチームでも採用されていますし、チーム戦術もすべて同じです。

カンテラの選手たちに叩き込まれるのは、トップチームで採用している戦術やシステムだけではありません。FCバルセロナのトップチームの一員として必要とされるメンタリティーも、カンテラでの長年の教育のなかで教え込まれていきます。本書は、そのメンタリティーの部分がクローズアップされた内容になっています。

このような上（トップチーム）から下（カンテラの最年少チーム）まで統一感に溢れている選手育成の仕組みは、カンテラの選手たちが自分のクラブのトップチームで活躍する姿を想像しやすくし、それがモチベーションを上げる力にもなっています。頑張れば自分にもチャンスがあるということを実感できるから実力が伸びるし、それが更に指導法・育成法の進化にも繋がっていくという、良い循環に入っているのです。

美しく勝つ、しかも絶対に勝つ

監督となったクライフは、FCバルセロナというクラブチームのアイデンティティーを明確にすることにも多大なる影響をもたらしました。子どもの頃からトップチームと同じ戦術やシステムやメンタリティーを指導していくというトータルな育成システムは、その結果といえるでしょう。

クライフは「美しく勝つ」「魅せるサッカーを表現する」という大きなテーマを自分たちのクラブの最大の特徴であることを選手に植え付け、それを実践することでたくさんの

FCバルセロナファンに受け入れられました。つまり、「3点取られても4点とって勝つ」サッカー。「3点とっても守りに入らず4点目を狙っていく」サッカー。「ロングボールをゴール前に放り込んで押し込むのではなく、華麗なパスワークで相手を崩し、きれいにゴールを決める」サッカー。そのような「美しく勝つサッカー」は、FCバルセロナのアイデンティティーとなりました。

しかし、ここに難しい問題があります。「美しく勝つ」といっても、相手は常にそれを許さないように向かってきます。負ける場合もあります。では、FCバルセロナのサポーターは「負けても美しければOK」と考えるのでしょうか。答えは「ノー」です。「美しいサッカー」は、確かにFCバルセロナのアイデンティティーの一部です。しかし、それ以上に、「我々は常に勝たなければならない」という何よりも強い欲求がFCバルセロナの選手とサポーターにはあります。

もちろん、どのチームも勝敗にこだわるのは当然です。しかし、その程度には若干の温度差があります。例えば、スペインのセビージャという街には「ベティス」というクラブチームがありますが、同じ街の「セビージャ」という街の名前を冠したもう一つのクラブチームと比較した場合、「ベティス」よりも「セビージャ」の方が若干格上といえるでしょう。そのためか、ベティスのサポーターは「負けたとしても、俺らはベティスのファンだぜ」という、負けた時に自分たちを慰める応援歌を用意しています。

ＦＣバルセロナのサポーターには「負けてもバルサ（ＦＣバルセロナの愛称）ファン」などというメンタリティーは全くありません。バルサのサッカーは美しくなければいけない、しかし、試合に負けては意味がない、試合には絶対に勝たなければいけない、それがバルサの宿命。その気持ちはカンテラの子どもたちも同じです。

なぜＦＣバルセロナは、そこまで勝ちにこだわるのでしょうか。バルセロナのあるスペイン・カタルーニャ地方は、かつて中央政府（マドリード）から虐《しいた》げられてきた歴史的な背景があります。バルセロナ（カタルーニャ地方）の人々には、首都マドリードに対する信じられないほどに強い対抗意識があります。だからＦＣバルセロナの永遠のライバルは、いわずと知れたレアル・マドリードです。「クラシコ」と呼ばれる両雄の対決では、毎回、それこそ「絶対に負けられない」壮絶な闘いが繰り広げられ、選手もサポーターも熱狂します。それは、まるでサッカーの名を借りた戦争のようです。

この「マドリードに負けることだけは絶対に許されない」というＦＣバルセロナファンの意識は、たとえＦＣバルセロナの熱狂的なファンであっても、カタルーニャ人が過去に背負っていた辛い過去・歴史を実体験していない日本人には完全には理解できない部分でしょう。バルセロナに12年間住んでいた私にも、やはり完全には理解できませんでした。

「勝利か、育成か」

これから皆さんがお読みになる本編は、「勝利か、育成か」という大きなテーマを軸に進んでいきます。これは、選手育成に定評のあるFCバルセロナにとって重要なテーマであることはもちろんのこと、育成年代に携わる選手、指導者、保護者全員が常に向き合っている重要かつデリケートなテーマだと思います。現在FCバルセロナの下部組織のテクニカルディレクターを務めている著者のアルベルト氏は、FCバルセロナの現在そして過去のスター選手や指導者たちのコメントをまとめながら、「勝利と育成は決して矛盾するものではない。両立できる」という結論に導いていきます。

私を含め、育成年代の指導に携わる指導者はもちろんのこと、選手、保護者、マスコミ関係者の誰もが「勝利と育成を両立したい」と願っています。しかし、その実現が決して容易ではないこともまた事実です。だからこそ、「勝利か、育成か」という究極の選択を誰もが自問自答するのでしょう。

このデリケートなテーマに対して、世界で最も注目されている選手育成組織・FCバルセロナの下部組織の長であるアルベルト氏は「両立できる」と断言しています。事実、FCバルセロナは世界で最も高いレベルで「勝利と育成の両立」を実現していることは周知の事実ですから、彼の言葉は説得力に満ちています。

では、その両立を可能にする秘訣は一体何なのでしょうか。それは、彼独自の「勝利とは何か」「育成とは何か」という物の捉え方と密接に繋がっています。ここでいう「物の捉え方」とは「哲学」と表現することもできます。本編を通じて、是非アルベルト氏独自の「哲学」に触れてみて下さい。きっと多くの日本人の読者が、カタルーニャ人の彼の「哲学」に共感すると思います。もしかしたら、カタルーニャ人と日本人は共通する価値観を持っているのかもしれません。だからこそ、日本から遠く離れたカタルーニャ地方にあるＦＣバルセロナのクラブ哲学に共感する日本人ファンが多いのでしょう（だからこそ、この翻訳本を日本で出版する価値があるのだと思います）。

忍耐に欠けるスペイン人は忍耐を必要とする「育成」が苦手

アルベルト氏は「勝利と育成は両立する」と結論付けていますが、実はこの意見がスペイン人にとってあまりにも「きれいごと」である側面も否定できません。なぜならば、スペイン人は基本的に短気で忍耐強くないからです。そして、その忍耐弱さは、スペインサッカーの構造部分に多大なる影響を及ぼしており、例えば小学生のチームでさえ、チームを勝利に導けない指導者は、まるでプロチームの監督のように、シーズン途中であろうとクビになることが日常茶飯事です。本来、若手選手の育成というのは、長期的視野に基づいて忍耐強く取り組まなければいけないことですが、スペインの育成現場は忍耐強い日本人には全く想像できないほど驚異的に忍耐弱く、しかも試合の結果を最優先にする勝利至上主義の世界です。スペインで出版された原著を手に取ったスペインの読者は、当然ながら、スペインサッカーのこの忍耐弱さを踏まえたうえで原著を読んでいるはずですから、アルベルト氏の「勝利と育成は両立する」という言葉に対する印象は、忍耐強い私たち日本人が持つ印象とは大きく違うでしょう（ちなみに、私もバルセロナ市内にあるモンタニェーサという小さな町クラブで12〜13歳のチームの監督を務めていた時、成績不振を理由にシーズン途中でクビになった苦い経験があります）。

加えて、若手選手たちに対する厳しさについても、日本とスペインでは大きく異なります。スペインでは、カンテラでも、選手の契約は1年ごとに行われます。それは、高校生も小学生も同様です。選手は1年ごとに再評価され、競争に勝てなかった選手はクビになります。競争に勝たなければ去らなければいけない、というシビアな現実が小学生にもあるのがスペインの育成現場です。

これほどまでに短気で勝利至上主義なスペインの育成現場において、本当に「勝利と育成の両立」を実現させることは可能なのでしょうか。可能だとしたら、果たしてどのような「哲学」が必要となるのでしょうか。スペインの育成現場を取り囲むこの厳しい現実を想像しながら本編を読み進んで頂けると、アルベルト氏やほかの登場人物の言葉の持つ重みが更に伝わってくることでしょう。

若手選手にチャンスを与える難しさ

この「勝利か、育成か」というテーマは、プロフェッショナルの世界になると、当然もっとシビアになっていきます。なぜならば、プロの世界では（基本的には）試合に勝ってこそビジネスが成り立つからです。勝利はクラブの収入増につながり、敗退はクラブを経営難へと陥れます。そのような「結果が命」のプロの世界において、実力が未知数の若手選手に出場チャンスを与えることは決して容易ではありません。ほとんどのプロ監督は、未知数の若手選手に出場チャンスを与える代わりに、過去の功績により実力が保証されているベテラン選手を起用する傾向があります。勝ち続けることが宿命づけられているFCバルセロナであれば、試合結果を保証してくれる経験豊富なベテラン選手を起用したくなる傾向はより顕著になるはずです。しかし、皆さんご存知の通り、FCバルセロナのトップチームはどのクラブよりも積極的に若手選手に出場チャンスを与えており、しかも試合に勝利し続けています。

そのような勝利と育成が必ずしも同じ方向を向いていないプロの世界で、若手にチャンスを与え、しかも充分すぎるほどの結果を出しているからこそ、FCバルセロナの選手育成の手法は世界中で高い評価を受けているのです。

日本の子どもたちは「状況判断」を学んでほしい

さてFCバルセロナの予備知識はこれくらいにして、次に本編の「読み方」について解説していきましょう。ここでは私からのメッセージも少し絡めながら、お話しさせて頂こうと思います。

私はクライフが監督をしている頃から、FCバルセロナのサッカーに大きな憧れを抱いていました。FCバルセロナが展開する華麗なパスサッカーは日本人に向いているのではないかと、当時から思っていました。だから、私は指導者としての留学先にバルセロナの街を選択しました。まさか憧れのクラブで将来指導に携われることになるとは想像もしていませんでしたし、期待もしていませんでしたが、幸運に恵まれ、2006年からFCバルセロナのスクールで指導に携われることになりました。

現在私は日本に戻り、２００９年に福岡に設立されたFCバルセロナのオフィシャルスクール福岡校で子どもたちの指導に携わっています。私がスペインサッカーから学んできたことを踏まえて、日本の子どもたちに何を一番伝えたいかというと、それは「イニシアチブを持ってサッカーに臨むこと」と、「状況判断の力を磨くこと」の2点に尽きます。

ヨーロッパのサッカー先進国では、子どもたちの技術や体力の向上はもちろん重要視しますが、それらと同じように、子どもたちに「戦術的な状況判断力」を養わせようとします。一方、日本ではテクニックや体力を最優先課題とし、戦術の部分は後回しにされる傾向があります。特に、小学生年代ではその傾向が顕著です。それが日本とスペインの大きな差ではないかと思います。

状況判断力というのは、目に見えにくいものです。しかし、いくらボールを扱うテクニックが高くても、状況判断力が劣っていれば、ゲームのなかで思うようにプレーできず、せっかくのテクニックも機能しません。そんな時、日本ではその原因をプレイヤーの状況判断には求めず、テクニックや体力が足りないせいにしてしまう傾向があります。その結果、テクニックや体力を向上させるための練習に更に励むことになります。

一方、スペインでは年齢に関係なく、高校生でも小学生でも「戦う術」としての戦術をとても重要視します。テクニックや体力が未熟な小学生であればなおさら「未熟なテクニックや体力を最大限に活かすための戦う術」を重要視し、テクニックや体力の向上と同じくらい戦術トレーニングに力を注ぎます。

「小学生に戦術を教える」というと、もしかしたら「監督のいわれた通りに動くロボット化したかわいそうな子供たち」というのを想像する人もいるかもしれませんが、スペインにおける戦術の解釈は決してそうではありません。それこそ、「選手のロボット化」の真逆に位置するもの、と表現しても過言ではありません。なぜならば、スペインにおける「戦術」とは、「戦術的規律に基づいて各選手がそれぞれイニシアチブをとり、常に変化する状況に適応しながら、自ら判断し能動的にゲームに参加する」という意味だからです。つまりは、「自分で見て、考えて、動け」ということです。それが、スペインで求められている「戦術」です。

自分の意見を持ち、それを周囲に伝え、相手の意見も聞いてコミュニケーションをとり、状況を自分で判断し、決断して実行していく。それは日本の子どもたち、いや私を含めた日本人全体がもともと苦手とするところなのかもしれません。

いわゆる「ボール扱いが上手い選手」は日本にはたくさんいます。「監督のいうことをよく聞く真面目で素直な選手」もたくさんいます。しかし、イニシアチブを持って、自主的に流動的な状況を判断して決断していくマインドやメンタリティーを身に付けている子どもは、日本では少ないのではないでしょうか。

一方スペインでは、イニシアチブを持って生きて行くことを子供の頃から求められているためか、あるいは「戦術」のトレーニングを小学校低学年からスタートしているからなのか、グラウンドのなかでも外でも、子どもたちは「自ら見て、考えて、判断して動く（生きる）」ことが得意です。もしかしたら、スペイン人は子どもの頃からイニシアチブをとることが得意であるため、その「長所」を更に伸ばすために「戦術」のトレーニングに力を入れているのかもしれません。

日本のサッカーのレベルも飛躍的に向上してきています。しかし、そのレベルアップの主役はテクニックや体力の部分に偏っている気がするのは私だけでしょうか。スペインで求められている「戦術」、つまりは「イニシアチブを持って自ら見て、考え、判断し、動く」ことを日本の子どもたちがもっと身に付ければ、鬼に金棒でしょう。そして、スペインを参考にするならば、「イニシアチブを持って自ら見て、考え、判断し、動く」ことを指導し始める時期は高校生でも中学生でもなく、小学生でいいと思います。確かに、子どもをロボット化するような戦術の指導であれば、その指導開始時期はなるべく遅い方がいいのかもしれませんが、スペインらしい子供の自主性を求めるような「戦術」なのであれば、小学校低学年から指導し始めても全く害はないはずです。

もっと広く考えると、「イニシアチブを持って自ら見て、考え、判断し、動く（生きる）」というメンタリティーは、サッカーというスポーツを超えて、人生そのものにおいても身に付けておきたいメンタリティーなのではないでしょうか。社会や親が決めたレールだけを歩くのではなく、自分で自分の人生を切り開き、自分が生きたい人生を歩むという精神です。このようなメンタリティーを私はサッカーを通して子どもたちに学んでほしいと思いますし、そのためにも本書は非常に良いテキストになっていると思います。

本書では、サッカーが子どもの心の成長（＝人としての成長）に大きな影響力を持っていることや、サッカー選手としての成長を目指すには人としての成長（＝心の成長）が欠かせない、自主性を持ってサッカーや人生と向い合うことが大切、という表現が何度も出てきます。指導者視点からのコメントだけであれば、理想論として聞き流したくもなりますが、シャビやイニエスタのような現役スーパースターの言葉ゆえに重みがあります。本書が、子どもたちの心の成長（＝人としての成長）とサッカー選手としての成長の相関関係について改めて考えるきっかけになれば幸いです。

サッカーを「楽しむこと」によって子どもは育っていく

先にも書きましたが、本書では、FCバルセロナの現監督であるグアルディオラをはじめ、シャビやイニエスタ、メッシ、プジョルなど、様々な人物が登場し、自分の過去を振り返っています。そのコメントのなかで「エントレナミエント」と「フガール」という言葉が、原著のなかによく出てきます。「エントレナミエント」とは、一般的には「練習」と訳されるスペイン語です。また、「フガール」とは「プレーする」という意味です。

彼らは「子どもの頃は暇さえあれば壁にボールを蹴っていたよ」というニュアンスの表現をする際に、この「エントレナミエント（＝練習）」という言葉は使っていません。あくまでも「フガール（＝プレーする）」という表現をしています。しかし、日本における「子どもの頃は暇さえあれば壁にボールを蹴っていたよ」という表現の裏にある実際の行動を分析した場合、「暇さえあれば自主練（＝自主練習）していたよ」となるのではないでしょうか。だとしたら、私は監訳者としてどう訳せばいいのでしょうか。日本風に「自主練していたよ」と翻訳してしまうと、大きな誤解を生んでしまいます。彼らは決して「練習していた」わけではなく、あくまで「ボールと戯れていた」だけだからです。その差は、日本人が考える以上に大きいものです。

男の子が大きくなって最初にボールを蹴るのは、間違いなく「遊び」です。その延長に、サッカーというスポーツがあります。本来、サッカーが遊びでなくなるのは、勝利がシビアに求められ金銭的な利益不利益が現れるプロになってからだと思います。ところが日本では、最初にサッカーボールに触れて間もないような小学生の時代から、遊びとしてのサッカーを取り上げてしまい、「練習」をさせてしまうのです。それは、サッカー少年の育成のなかで大きな弊害になっていると思います。

日本の小学生のサッカー少年やその保護者から、よくこんな質問を受けます。

「家でどんな自主練をしたらいいですか」

もっとサッカーが上手くなりたい、レギュラーをとりたい、だから上手くなるために自分が何をしたら良いのかをコーチに聞き、教えてくれたことを毎日頑張って実行しようと思う。その気持ちはよく分かります。しかし、それではサッカーというスポーツの「遊び」という本質からかけ離れてしまっているのではないでしょうか。

サッカーというゲームは常に状況が変化しています。相手は、常に自分たちを騙そうとして、色々なことをやってきます。味方も同じように、みんなで工夫して相手を騙しながらボールを運びます。流れは、すぐに変わります。そのような極めて流動性の高い状況のなかで、素早く全体を把握し、判断し、行動していくことがチームを躍動させる原動力になります。その力がなければ、いかに高度なテクニックがあっても強いチームにはなりません。

また、「勝ちたい」という強いメンタリティーがなければ、試合中の状況判断も鋭敏にはなりません。なぜ人はストリートサッカーをやるのかというと、ゴールを決めて相手に勝つと面白いからです。勝つことが面白いからサッカーをやるというのが本質なのです。

そのようなサッカーというゲームで強くなろうと思う時に、実は「練習」は必ずしも効果的ではありません。特に、物事を順序立てて学ぶことが得意な日本では、サッカーというスポーツが根本的に備えているゲーム性、あるいは遊び心という面を意識して子どもたちに伝えていかなければなりません。まずはボールと戯れて楽しむことから始めることが大切です。事実、本書のなかで登場する多くのプロ選手たちは、子供の頃に「自主練」をしていません。彼らは空き時間を見つけては「フガール（=プレーする、ボールと戯れる）」していたにすぎません。なぜならば、彼らは単にサッカーが大好きで、だからこそ「自主練」以上に「フガール」したかったからです。

指導者に指摘された自分の改善点を修正するために、高い意識とともに1人「自主練」に励む子どもの姿も確かに素敵です。しかし、本書のなかで多くのプロ選手がコメントしているような「サッカーが大好きだったから、子どもの頃は空き時間を見つけてはひたすらボールと戯れていたよ」という純粋な気持ちと遊び心に満ちた子どもらしい行動の大切さを改めて考えるきっかけに本書がなってほしいと思います。

上手くなることよりも、サッカーが好きだという気持ちを膨らませ、そしてそれを表現するために、日本の子どもたちがもっともっとサッカーを「フガール」してくれることを期待しています。

指導者は、指導しないことも大切〜サッカーは人生の縮図

日本では、「サッカーの基本はテクニック」と解釈される傾向がまだ根強いですが、スペインでは必ずしもそうではありません。なぜならば、サッカーには様々な特徴の違うポジションが存在し、しかもポジションによって必要とされるテクニック・戦術・体力・精神力に微妙な差があるからです。例えば、フォワードとしてプレーするメッシの華麗なドリブルのテクニックを、ディフェンダーのプジョルは求められていません。あるいは、プジョルの闘志溢れるジャンプヘディングのテクニックをミッドフィールダーの小柄なシャビは求められていません。もちろん、1人の選手がすべてをパーフェクトにこなせたら最高ですが、ゴールキーパーからフォワードまでのすべてのポジションに必要とされるテク

ニック・戦術・体力・精神力を完璧なまでにプレーできる選手は、世界中探しても1人もいないでしょう。そう、サッカーとは不完全な選手がお互いの長所を出し合って、そしてお互いの短所を補い合って、その結果、一つの組織（＝チーム）として機能すれば良いスポーツなのです。まさしく、詩人・金子みすずさんの有名な詩の一節にあるような「みんなちがって、みんないい」の世界です。

本編のなかに「サッカーの監督はオーケストラの指揮者」という表現が出てきますが、私もまさに「サッカーチームはオーケストラそのもの」だと思います。チームには様々な音を奏でる選手がおり、各選手の奏でる音が違うからこそ素晴らしいハーモニーを醸し出すことができます。そして、それを統括する監督は、まさにオーケストラの指揮者です。

個々の選手を見てみると、それぞれが様々な長所や短所を持っています。サッカーの強い、良いチームというのは、1人ひとりの選手が自分の良い部分を理解し、それを最大限発揮することで、ほかのチームメイトの短所を補っています。自分の長所は思いっきり発揮するが、短所はほかの人にカバーしてもらう。それによって現れる全体のハーモニーが、チームの力なのです。

本編に登場するプロ選手たちのコメントからは、チームのハーモニーを大切にする気持ちが随所で伝わってきます。ピアノのソロ奏者のような「独り舞台」に立っている感覚を彼らは持ち合わせていません。テクニックが得意なゆえに、ソロ奏者のように見えるメッシでさえ、チームメイトとのハーモニーの大切さを強調しています。なぜならば、1人の力だけで試合に勝てるわけではないことを、経験上彼は誰よりも知っているからです。

もちろん、チームに迷惑をかけないためにも、自分の短所を改善することはとても大切なことです。しかし、「迷惑をかけない」という消極的な視点以上に重要なのは「チームに貢献する」という前向きな視点であり、それはまさしく「自分の長所を伸ばし、その面でチームに貢献する」ことだと思います。なぜならば、あなたの長所がほかのチームメイトの短所をカバーしているように、ほかのチームメイトがあなたの短所をカバーしてくれるからです。

このような「チームワーク」のメンタリティーをFCバルセロナの下部組織がとても重要視していることを、著者のアルベルト氏は強調しています。そして、この指導理念がしっかりと下部組織育ちの選手たちに伝わっていることを、本書に登場する選手たちのコメントが証明しています。

確かに選手1人ひとりを見れば「個人」ですし、プロ選手になるのも「個人」です。しかし、プロ選手になるための階段を登る際に重要なのは、非の打ち所がない完璧な選手を目指すことではなく、自分の長所を活かしながらチームメイトと最高のハーモニーを奏でることを学ぶことです。

自分の個性（長所）に注目して、それを磨くことは、社会に出て生き生きとした人生を歩むためにも求められることでしょう。自分の個性を活かせるような役割を見つけ、そこに集中し、大いに貢献していくことは、ひいては人生の幸福を手にすることにも繋がっていくと思います。

そう考えると、アルベルト氏が書かれているように、サッカーは人間社会の縮図のようにも思えてきます。どちらも組織（チーム）としてオーガナイズされ、全体で機能していくものです。個々は、組織の機能を高めるために自分の能力を発揮することが求められています。それは決して「組織のために自分の個性を押し殺す」ことではなく、全くその逆です。「自分の個性を最大限に発揮し組織に貢献する」ことです。サッカーを通じて、サッカーを超えたこのような「個と組織の共存」という普遍的な価値観を身に付けていくことができたら、どんなに素晴らしいことでしょう。しかもそれは、年齢やサッカーのレベルに関係なく、誰もが一流選手と同じように学べることなのです。

本書では、FCバルセロナの下部組織（カンテラ）における選手育成を背景に、素晴らしい示唆があちこちに散りばめられています。プロのサッカー選手を目指すための参考になることはもちろんのこと、少し視点を変えてみると「人生の歩み方」にも見えてくる奥の深い示唆ばかりです。読者の皆さんのそれぞれの状況と重ね合わせながら、あるいは比較しながら、お読み頂ければと思います。きっと、サッカーの素晴らしさと奥深さを改めて感じて頂けることでしょう。

FCバルセロナ スクール・コーチ　村松尚登

まえがき

２００７年４月８日。あの日のことを決して忘れることはないであろう。ある意味、ビラ・デ・ペレラーダで行われたトーナメントの決勝戦を機に、私の人生は変わった。あの試合がなかったら、恐らく私はこの本を書く気持ちにならなかっただろうし、きっとあんなに多くのインタビューに応じることもなかっただろう。また、あの試合がなかったとしたら、フェアプレーに関する賞を受けることもなかったに違いない。すべては、一つの「良き行い」がきっかけになった。その「良き行い」とは、その後、世間やマスコミで何度も取り上げられることになる「正義の行動」だ。

あの日の出来事を振り返ることにしよう。時刻は正午近く、私はＦＣバルセロナのアレビンＢ（10～11歳のチーム）の監督としてチームの指揮をとっていた。その日はトーナメント戦のチャンピオンを決める決勝戦で、対戦相手は私たちと同じようにバルセロナを本拠地とする宿命のライバル、エスパニョールだった。ＦＣバルセロナとエスパニョールの試合はいわゆる「ダービーマッチ」で、トップチームの試合はもちろんのこと、下部組織の試合でも観客は常に大熱狂する。

試合開始4分に、私たちの選手の1人であるアドリアが負傷した。その時ボールを保持していたエスパニョールの選手たちはスポーツマンシップにのっとり、プレーを一旦止めるためにボールをグラウンドの外に蹴り出した。アドリアが回復するのを待つためだ。無事アドリアが回復し、こちらのスローインで試合は再開。ボールはママドゥ・トゥンカラの足もとに行った。ママドゥは良い選手なのだが、そのような時はボールを相手チームに返すか、少なくとも相手のスローインにするために外へ出さなければいけないことを充分理解していなかった。彼はストライカーとしての本能に従って相手ゴールへと攻め込み、唖然とするエスパニョールの選手たちをよそにゴールを決めてしまったのだ。

これでスコアは1対0となったが、事態は面倒なことになった。子どもたちに悪気はなかったが、大きな間違いを犯してしまったのだ。私たちは世界のサッカー少年の模範とならなければならない。なりふりかまわず勝ちに行くなんてことはできないのだ。

このスポーツマンシップに欠けた行動を埋め合わせるには、できるだけ早く向こうに1点とらせるしかない。ただちに、私は憤慨していたエスパニョールの監督に謝り、ベンチから選手たちに「試合の均衡を取り戻すよう、相手に1点とらせろ」と指示を出した。

問題は、エスパニョールのサポーターの怒号が激しすぎて、私たちの選手にはその指示が聞こえなかったことだ。私の指示がようやく伝わったのは、ママドゥのゴールから3分ほど経ってからだった。やっと私の声が聞こえたセンターバックのカルロス・ブランコがアレックス・ムーラ（エスパニョールのフォワード）にボールを譲り、彼がこれをゴール。試合の均衡は、ようやく保たれることになった。スコアはこれで1対1の同点。その場にいた全員が納得し、選手たちの名誉は傷つかずに済んだ。

結局、その試合は後半にママドゥがあげた「2点目」のおかげで2対1で勝利し、私たちはタイトルを獲得したが、その数時間後に試合結果について話をしている者は誰ひとりいなかった。FCバルセロナのオフィシャルホームページとバルサTV（FCバルセロナ所有のクラブ専用テレビチャンネル）——後者はその場面の映像を記録していた——は、試合が振り出しに戻ったあのシーンを何度も流して、我々のスポーツマンシップを讃えた。この波紋は、ドミノ倒しのように一気に広がって行った。サッカーの試合では当たり前とされるべき行動が、驚くべき出来事のようにマスコミに取り上げられることになったのだ。

そして、ある「事件」をきっかけに、私たちの出来事は更に大きな波紋を呼ぶことになった。それは同じ日の午後、リーガ・エスパニョーラのビジャレアルのホームスタジアムで行われたアトレティコ・マドリード戦で記録された決勝ゴールである。ビジャレアル側の選手がピッチ上に倒れている間に、アトレティコ・マドリードのファビアーノ・エレルがゴールを決めてしまったのである。これはカタルーニャだけでなくスペイン各地で大いに論議を呼び、同じ日に偶然起きた二つの「事件」へのマスコミの関心は更に高まった。正確に数えたわけではないが、私はその週に25件以上のインタビューに応じ、はからずも時の人となってしまった。

時間が経つにつれて熱は冷めていったが、その後チームにはたくさんの褒賞が届いた。グラノリエール市役所から贈られたジョアン・クレウス・スポーツマンシップ賞や、私の街カンブリルスから贈られたスポーツマンシップ賞のような、より地方色の強い賞から、2007年度『スポルト』紙のフェアプレー賞、カタルーニャ・サッカー協会のフェアプレー賞、エルネスト・リュチ財団のスポーツマンシップ賞、更にはスペインスポーツ高等委員会による2007年国民スポーツ賞エレナ王女賞まで、様々な賞が贈られた。

私はこれを大いに誇りに思った。私たちの行動はFCバルセロナにとって追い風となり、クラブの伝統である「紳士のイメージ」を盤石なものとしたからである。しかし、この一連の称賛は、私の身には少々過ぎたことだったかもしれない。本来、社会的に見て当然の行動で称賛されるのは、いささかバツの悪いものだからだ。

過ちを犯したら、それを正す――。それがペレラーダで私たちのしたことだ。事件がF

Cバルセロナを舞台に起こったことのほかに、スポーツマンシップと公正さというメッセージを社会全体へ伝える主人公が、10歳そこそこの子どもたちだったという点も話題が広がる手助けになっただろう。

しかし、私たちはやるべきことをやっただけであり、同じ立場であればどんな監督でも同じように行動したはずだ。にもかかわらず、これほどまで多くの称賛が私たちへ届いたのは、ビジャレアル対アトレティコ・マドリード戦との比較があったがゆえのものであるし、マスコミのいう通り、この称賛には教育的な意味合いも含まれていたからであろう。ただし、下部組織――子供たちの人間的成長を促すことを義務づけられている場所――と、一流選手たちがプレーするピッチ――自分で決定を下せる成熟した大人がいる場所――とでは話が違うことは忘れてはいけない。

何はともあれ、その2007年4月8日からおよそ1年後、私はプラタフォルマ出版のジョルディ・ナダルからの電話を受けた。今、読者の皆さんが手にしているこの本を書かないかと提案してきたのだった。率直にいうと、初めはここまで書いたような理由で、私はあまり乗り気ではなかった。しかしジョルディの押しの一手で、ついに説得されてしまうことになった。スポーツ界、特にサッカー界、ひいては私の専門とする下部組織を取り巻く様々な状況について改めて考えるいい機会を与えられているのだと感じたからである。更にはFCバルセロナからも、2人の人物が大きな支えとして力を貸してくれることになったことも、決め手になった。ジョアン・フランケサ副会長と、トップチームのアシスタントコーチ、フランセスク・ティト・ビラノバだ。この場を借りて、彼らに感謝の言葉を伝えたい。どうも有難う。

私は25年前から育成年代の指導に携わってきた。これが私の人生であり、情熱であり、そして夢だ。私は指導者として仕事をしているが、自分のことは教師だと思っている。それは私の仕事が「教えること」で成り立っているからだ。私はサッカーを教えているが、なかでも、人生とスポーツに共通する大切な価値観を教えることに重点を置いている。10歳から13歳までの子供たちにとっては、サッカー選手としての価値観ということよりも、まずは1人の人間としての価値観の方が、よほど重要である。

実のところ、これはいくつになっても重要なことだ。しかし、何でも吸収しようとするスポンジのようなこの年代の子どもたちに教えてこそ、より大きな意味を持つのである。やがて時が過ぎた時、指導者とは選手に対してサッカー選手としてよりも、人としての成長の面で、より大きい影響を与えるのだと、彼らは気付くことだろう。

ここに大いなるジレンマがある。勝利か、それとも育成か。参加することに意義があるのか、それとも競争することに意義があるのか。成功への道とは、いったいどれなのだろうか。これは本書の根幹となるテーマであり、下部組織の指導者に常につきまとうテーマだが、FCバルセロナのようなクラブで指導する幸運を手にした者にとっては、特に切実なテーマとなる。何故ならば、FCバルセロナの下部組織では「育成する」という課題を忘れず、常に「勝利」をつかまなくてはならないからだ。

本書では、こうした子どもの育成のカギとなるテーマについて、このクラブで歴史を作ってきた、あるいは現在作りつつある主役たちのエピソードを交えて話そうと思う。嬉しいことに、プロサッカーのエリートとなった選手たちとじっくり話す機会を、私はたびたび得ることができた。ジョゼップ・グアルディオラ、ティト・ビラノバ、ルイス・エンリケ、ラモン・アレシャンコ、アンドレス・イニエスタ、リオネル・メッシ、ティエリ・アンリ、ラウレアーノ・ルイス、ギジェルモ・アモール――。また、教育の専門家でラ・マシア（FCバルセロナの選手寮）の寮長であるカルレス・フォルゲーラや、若い選手の親たちとも、様々なことについて話し合う機会を持つことができた。

本書は、有名人によって語られたサッカーのエピソード本とは違う。プロサッカー選手になるという夢を叶えた選手たちの経験や彼らが大切にしている価値観を考察し、そのなかから、夢の実現を目指す若いスポーツ選手、指導者、教育者、更には選手の保護者に役立つエッセンスを抽出し、そしてそれらを皆さんと共有するために書かれたものである。つまりは、サッカーやFCバルセロナに興味のある人だけではなく、スポーツ全般に興味を持っているすべての人に向けて書かれた本である。

私にとっても、本書は本当に勉強になった。どうか読者の方々にとっても、本書が夢の実現のために必要となる力を見つける手助けになれば、これ以上の幸せはありません。

アルベルト・プッチ・オルトネーダ

『FCバルセロナの人材育成術――なぜバルサでは勝利と育成が両立するのか』目次

第1章 FCバルセロナの指導理念を実践する現役の指導者たち

郵　便　は　が　き

料金受取人払郵便

大崎支店承認

5046

差出有効期限
平成 25 年 7 月
31 日まで

1 4 1 - 8 7 9 0

112

（受取人）
東京都品川区東五反田4−6−6
高輪台グリーンビル3階
アチーブメント株式会社
特別プレゼント企画係　行

ご氏名	（フリガナ） 年齢　　歳　男・女
ご住所	〒　　－ 電話　（　　）　携帯　（　　） ※発送の際にお電話番号が必要となりますので必ずご記入ください。
E-mail	
ご職業	1 会社員（管理職・営業・事務職・技術職・その他） 2 公務員　3 教育職　4 医療・福祉（医師・看護師・その他） 5 会社経営者　6 自営業　7 マスコミ関係　8 クリエイター 9 主婦　10 学生（小・中・高・大・その他）　11 フリーター 12 訪問販売　13その他（　　）
お勤め先	

※アチーブメントグループよりメールマガジン等各種ご案内をお送りする場合がございます。皆様より収集した個人情報を厳重に管理し、ご本人の承諾を得た場合を除き第三者に提供、開示などは一切いたしません。

お問い合わせはフリーダイヤル：0120−000−638

ホームページでさらに情報を見ることができます
http://www.achievement.co.jp

愛読者カード

本書ご購入の特別付録

特別プレゼント無料進呈

本書をご購読いただき、誠にありがとうございます。
読者の皆様のご意見を今後の企画・編集の貴重な資料とさせていただきますので、
お手数ですが下記へご記入の上ご返送下さい。

アチーブメントクラブニュースの最新号と
「アチーブメントモチベーションアップＣＤ(非売品)」
を贈呈いたします。

① ご購入いただいた本のタイトル

---

② 本書をお求めになったきっかけ

1 書店でタイトルにひかれたから　2 書店で表紙デザインが気に入ったから
3 著者のファンだから　4 作品の内容に興味をもったから
5 新聞・雑誌の広告(誌名　　　　　　　　　　　　　　)
6 テレビ・ラジオで紹介されていたから(番組名　　　　　　　　　)
7 人から薦められて　8 弊社ホームページ・メルマガを見て
9 その他(　　　　　　　　　　　　　　　　　　　　)

---

③ ご興味のある分野

1 タイムマネジメントスキルを身につけ高い収入を得たい
2 目標設定能力を向上させ充実した人生を送りたい
3 コミュニケーションスキルを高め組織を活性化させたい
4 マネジメントスキルを向上させ業績を伸ばしたい
5 リーダーシップスキルを身につけたい
6 経営者としての心構え、ノウハウを学びたい
7 「選択理論心理学」を学びたい
8 リレーションシップ能力を高め人間関係の幅を広げたい
9 その他(　　　　　　　　　　　　　　　　　　)

---

④ 本書についての評価

●本文内容	1 とても満足	2 満足	3 普通	4 よくない
●タイトル	1 とても良い	2 目立つ	3 普通	4 目立たなかった
●表紙デザイン	1 とても良い	2 目立つ	3 普通	4 目立たなかった
●価格	1 安い	2 適当	3 高い	

---

⑤ 本書についてのご感想

第2章 カンテラが生んだスター選手たち

第3章 経験者が語るFCバルセロナの育成論

第4章 子どもをサッカー選手にしたい親たちへ

第5章 教育者が子どもに与える影響

第1章

ＦＣバルセロナの指導理念を実践する現役の指導者たち

育成年代の指導者が抱える葛藤

どんなスポーツでも、指導者業ほど生涯の仕事とするに相応しい職業は滅多にないだろう。生涯の仕事とは夢であり、生きてゆくために全身全霊を賭けられるものだ。身を捧げつつ、喜びを得ることのできる仕事のことである。良い指導者になろうとするなら、それを忘れてはならない。設定した目的を達成し、選手たちに競争することの価値を伝えるために、100パーセントの力を注がなくてはならない。指導者は高いレベルの要求を出し、常に自らが模範とならなくてはいけない。

そうはいっても、プロの、あるいは少なくとも成人のチームを率いる指導者の仕事と、我々のような育成年代のサッカーの指導者の仕事は分けて考えなくてはいけない。同じ「指導者」という仕事とはいえ、やることが全く違うからだ。大まかに言って、指導者は大きく3つのグループに分けることができる。一つ目のグループは、精鋭チームの指導者――環境から試合の過密日程まで、選手の成績に影響する内外のあらゆる要素をコントロールする、プロのチームの指導者。もう一つのグループは、オフロードの指導者――指導者の仕事の真髄といえる、必ずしも恵まれた環境ではないなかでアマチュアやセミプロのチームを率い、毎週末に行われるリーグ戦のことを考えながら平日に仕事（＝指導）に励む指導者。そして三つ目のグループは、我々のように教育者の役割を果たし、何よりも教育と育成を優先する指導者。この分野は、育成する子どもの年代によって、プレベンハミン（6〜7歳）、ベンハミン（8〜9歳）、アレビン（10〜11歳）、インファンティル（12〜13歳）、カデッテ（14〜15歳）、フベニール（16〜18歳）に分けられる。どのカテゴリーでも、チームを編成し、平日は練習、土曜日か日曜日に試合をして勝ちを狙うということに変わりはない。しかし、監督の示す課題は選手たちの年齢によって大きく変わってくる。

どんなクラブでも若手選手の育成に取り組んでいるが、FCバルセロナの下部組織は、いささか特殊なやり方を採用している。選手のスカウティングに多大なるエネルギーを注ぐことにより、素晴らしい才能を持つ選手を確保するのだ。ただし、我々の目的は立派なサッカー選手を育てるという以前に、子どもの人格を健全に発達させることにある。

グローバリゼーションに伴い、毎年バルサ（FCバルセロナの愛称）のカンテラ（下部組織）にはたくさんの外国人の子どもが入団するようになった。アルゼンチンから、ブラジルから、カメルーンから、思春期前の子どもたちがシーズンごとにバルサで運試しをするために、母国と家族から離れてやって来る。

だからこそ、我々の指導理念が大きい意味を持つのだ。指導者にとって第一の使命は少年たちの総合的な教育であり、良いサッカー選手になるよう指導することは二番目だ。一番目の使命は二番目の使命より基本的だが、しばしばこの二つの利害が衝突し「勝利か、育成か」と議論になることがある。

私はこれ以上この議論に悩まないように、批判を受ける可能性を覚悟のうえで、自分のスタンスを決めることにした。

「私は勝つことが好きだし、育てることにも情熱を抱いているが、何よりもまず敬意と品格という普遍的な価値観を基本として競い合うことの素晴らしさを子どもたちに教えたい」

これが、育成年代の指導者として指導に携わる私のスタンスだ。

試合結果に関係なく、品格のある戦い方で自分自身の最高のパフォーマンスを出し切ることこそ、真の勝利である。競い合うとは、まず自分自身に打ち勝つこと、そしてその次に相手に勝つこと。良い競い合いをした結果、勝利はもたらされるのである。

ほかの指導者たちも私と同じように考えているだろうか。

これが人格とサッカー選手としての能力を兼ね備えた人物に若者を育てる、最善の方法なのだろうか。

ジョゼップ・グアルディオラ
（現FCバルセロナ監督、サントペドール出身、1971年生まれ）

フランセスク・ティト・ビラノバ
（現FCバルセロナ・アシスタントコーチ、ベルカイレ・デンポルダ出身、1968年生まれ）

私のことを詳しく知っている人々は、私があまり手放しで人を褒めるタイプではないことを知っている。私は自分自身にも同僚にも厳しく、そして批判的だ。掲げた目標を達成するためには、強い義務感、使命感、責任感が必要だからだ。

そんな批判的な私にでさえ、ジョゼップ・グアルディオラ（ペップ・グアルディオラの愛称でも知られる）とフランセスク・ティト・ビラノバの2人に対しては、賞賛の言葉しか浮かんでこない。FCバルセロナのトップチームの監督とアシスタントコーチとして迎えた1年目、2人はカンテラの指導者として培った経験をもとに、バルサに所属するすべてのカテゴリーのすべての指導者にとって正真正銘の鑑《かがみ》となる仕事を成し遂げた。2人の率いたチームが達成した歴史的偉業はいうに及ばず、グアルディオラとビラノバ、トップチームのほかのテクニカルスタッフの面々が見せた多大なる献身、プロ意識、仕事に対する愛情は実に模範的だった。彼らはバルサを愛し、サッカーを愛し、そして仕事を愛している。

彼らの謙虚で節度ある振る舞いは、あらゆる人の手本となるであろう。特に学ぶことへの意欲は際立っている。彼らが雑談をする横には、いつも作戦盤（タクティックボード）が置かれている。そして、彼らの話題の中心の一つはカンテラのことであり、2人はいつも選手育成について熱っぽく語り合っている。

私自身、今後指導者として成長し続けるために、この2人のことを是非参考にさせてもらいたいと思っている。私が2人と知り合ったのは彼らがFCバルセロナのサテライトチーム（バルサ・アトレティコ）で指導を始めた頃のことだが、彼らの指導している姿を見るのも彼らと話をするのも、本当に楽しみにしていたものだ。

アウレリ・アルティミラ、ジョルディ・ロウラ、《賢人》ドメネク・トレント、私の大親友のカルラス・プランチャルなど、2人の周囲にいたスタッフからも色々と学ぶことがあった。頭のてっぺんから足の先まで、皆、本物のプロフェッショナルなのだ。

グアルディオラ「サッカーのテクニックの才能は生まれつきの部分が確かにあるが、子どもの頃に毎日のように朝から晩までボールと戯れることは、レベルアップに大きな影響を及ぼす」

グアルディオラとビラノバがサッカーというスポーツに夢中なのは、サッカーのことを話す彼らの姿を見ていればすぐに分かる。サッカーに向けられている彼らの情熱は、ある意味「病気」といってもいい。そして、この情熱こそがこの2人のコンビが成功している秘訣といえるであろう。サッカーに詳しい彼らは、サッカーについて語ることを誰よりも楽しんでいる。しかし、彼らが現状に満足していないことは、彼らの会話を聞いていればすぐに分かる。常に彼らは「もっと知りたい」と求めている。

新しい知識を吸収するエネルギーは尽きることがなく、選手1人ひとりに対して何を求めているかを伝える能力も兼ね備えている。選手たちに競争意識を植え付けさせ、初日から監督として信頼を得ることにも成功している。普通、プロのサッカーチームでは、こうはなかなか上手く行かないものだ。

更に、2人とも比較的小さな町（サントペドールとベルカイレ・デンポルダ）で育ったという点も興味深い。出身地の小さな町からすべてが始まったのだ。小さな町で、グアルディオラとビラノバの2人はプロ選手になるための基礎を身に付けたのである。

グアルディオラ「その通りだ。すべては生まれ故郷の小さな町で始まった。広場や小学校の校庭で、遊び仲間と一緒にボールを追いかけたり、1人で黙々とボールを蹴ったりしていた。1日中ずっと壁に向かって1人でボールを蹴り続けていたこともあったね。それに、どこへ行くにも、必ずボールを蹴りながらだった」

ビラノバ「僕もそうだった。よく何時間も1人で壁に向かってボールを蹴っていたよ。最初は右足だけで蹴っていたんだけど、父が左足でも蹴ってみろとアドバイスしてくれて、それから左足でも蹴るようになった。後から父のあのアドバイスには感謝したね。テクニックはあの時期に身に付けた。フィゲラス（ビラノバが生まれ育った地域の有名クラブ）に入団する前にね。フィゲラスに入った時は基礎ができていたから、フィゲラスではそれを更に磨くことに専念した」

グアルディオラ「サッカーのテクニックの才能は生まれつきの部分が確かにあるが、子どもの頃に毎日のように朝から晩までボールと戯れることは、レベルアップに大きな影響を及ぼす。チームに所属してプレーし始めれば、それまでに身に付けたテクニックに指導者が更に磨きをかけてくれる。ジムナスティック・デ・マンレサ（グアルディオラが生まれ育った地域の有名クラブ）ではとても良い指導者に恵まれ、様々な素晴らしい助言をもらった。常にボールから目を離してはいけないことや、ボールを決して浮かしてはいけないことなどは、あの時学んだことだ。

大都市に住んでいる今どきの子どもたちが抱えている問題は、所属チームの練習の時しかサッカーをしないという点だ。つまり、どんなに長くても1時間半くらいだろう。それはあまりにも短すぎる」

私はサッカー選手の育成に長年携わってきたが、グアルディオラやビラノバのコメントはとても的を射ていると思う。事実、9歳や10歳くらいの子どものプレーをチェックする時、出身地によってテクニックのレベルに大きな違いがあるのだ。この年頃では、まだシステムの戦術コンセプトを深く理解する必要はないが、テクニックや個人戦術をしっかりと習得していることは大切だ。なぜならば、この年代でこれらを習得していると、その後の成長がスムーズになるからだ。

テクニックや個人戦術は、歩き始めた頃からサッカーボールでたくさん遊んだ子どもだけがナチュラルな形で習得できる。ボールタッチ、シュート、ドリブル、トラップ、マークを外す動き、ボールキープ……。確かに、これらは教えることができるが、自然な形で身に付けた子どもには敵わない。10歳前後までにテクニックや個人戦術を自然な形で身に付けた子どもは、そうではない選手と比較した場合、既に大きくリードしているといっても過言ではない。

小さな町や、ヨーロッパではない国々から来た子どもたちの多くが、バルサのカンテラに入った時点でほかの子どもに比べてテクニックのレベルが優れている。なぜならば、彼らは幼少期のほとんどを屋外でボールを蹴って遊んで過ごしていたからだ。確かにテクニックや個人戦術は生まれ持った才能に左右されるが、努力の積み重ねが与えてくれる恩恵も計り知れないのである。

グアルディオラ「バルサに呼ばれたら、悩む必要なんてない。私はすぐに飛んで行ったよ」ビラノバ「プロのサッカーに携わる時、失うより得るものの方が多い」

グアルディオラとビラノバの時代、FCバルセロナの寮（ラ・マシア）には外国人が全くいなかった。現在の状況と違い、1980年代のバルサの寮に入寮していたのは、近隣の地方の子どもたちが主で、ほかはせいぜい、スペイン各地から数人が来ているだけだった。

グアルディオラとビラノバがカンテラで知り合ったのは、1984年のことだ。グアルディオラはバジェス地域、ビラノバはジローナのアルト・エンポルダ地域出身だ。２人はすぐに親しくなり、アウレリ・アルティミラ、ジョルディ・ロウラ（現在、２人ともＦＣバルセロナのトップチームのテクニカルスタッフである）、《口ひげ》サンチェス・ハーラ、ジャウマ・トーレスらと「大食い同盟」を結成している。今から30年近くも前に、サッカーに情熱を持つ者同士の関係がスタートし、その関係は引退後も続いているのだ。

ビラノバ「当時、私はインファンティル（12〜13歳）の年代だったが、フィゲラス（クラブチーム名）のフベニール（16〜18歳）で練習していた。あっちでは高い評価を得ていたし、学校の友だちもたくさんいたから、最初バルサには入団したくなかったんだ。でも、どうしてもといわれて、やっと同意したのは11月頃で、もうシーズンが始まっていた」

グアルディオラ「私はティト（ビラノバ）ほど上手くなかったんだ（笑）。私は迷うことなんて一切なかった。あんまり乗り気じゃなかった父から『ちょっと話をしよう……』といわれた。でも、何も話すことなんてなかった。バルサに呼ばれたら、悩む必要なんてない。私はすぐに飛んで行ったよ」

当時の彼らは、サッカーをすることを純粋に楽しんだという。大いに楽しみ、学んだのだ。バルサの下部組織にかつてないほど影響を及ぼした人物、オリオール・トールの時代である。私は直接知り合う機会がなかったが、彼の仕事ぶりと生き様は話に聞いている。トールやCFダム（バルセロナ市内にある選手育成に力を入れているクラブ）のジョゼップ・バルコンス終身会長のような人物が、スポーツマンシップを育成年代のサッカーの掲げる旗として打ち立てた。彼らのおかげで、80年代のグアルディオラやビラノバのような若い選手たちはサッカー哲学を学びつつ成熟していき、後年トップチームで完成させたのである。この場を借りて、トールやバルコンスの功績に敬意を表したい。

グアルディオラはずっとバルサで、ビラノバは（アウレリ・アルティミラや、ほかの多くの選手と同じく）バルサ以外のクラブでサッカー人生を歩むことになったのだが、バルサによって植え付けられたサッカー哲学は、永遠に2人を結び付けた。友情は続き、2人のサッカー人生は約20年後にバルサでもう一度交わることになった。初めはサテライトチームで、そして2008年からはトップチームで。

グアルディオラ「すべて上手く行った。ずっとサッカーのために生きてきた私たちにとって、サッカーに人生を捧げることは犠牲でも何でもなかった。バルサのカンテラでサッカーに打ち込むことは、決して犠牲を伴うことではないし、辛いことでもない。もし誰かがそう思っているのだとしたら、バルサのカンテラは辞めてしまった方がいい」

ビラノバ「サッカーのプロ選手になると、人生の色々なことを失うと考える人が多い。でも、それは逆だと思う。プロ選手としてサッカーに携われば、失うより得るものの方が多い。ラ・マシアではみんなと一緒にとても楽しく過ごしていた。1日中サッカーをして過ごし、ホームシックにもならなかった。週末になれば家族に会いに行ったり、来てもらったりできたしね」

グアルディオラ「情熱を持ち続けるか、あるいは情熱を失い途中で諦めるか」
ビラノバ「今もボールで遊ぶのは楽しいよ」

グアルディオラとビラノバは模範的な寮生だった。24時間サッカーのために生き、その瞬間瞬間を満喫していた。「バルサのトップチームでプレーする」という夢を叶える可能性を手にしている、恵まれた立場であることを自覚しながら。

いくつかの例外と入団当初におけるチームへの適応の問題を除けば、アレビン（10歳～11歳）やインファンティル（12歳～13歳）の年代では、モチベーションは常にあるものだ。子どもはただサッカーをしたいだけで、カンテラはそうした子どもの気持ちに応えてくれる。問題はその子が幼年期を過ぎ、思春期に差しかかった頃に訪れる。その時、子どもたちは選択を迫られることになるのである。

グアルディオラ「サッカーのことしか頭になかった。私たちはずっとサッカーに夢中だった。心の底からそんな気持ちが湧き出してきて、それ以外のことには興味がなかった。私たちはいつもサッカーに囲まれていた。いつだって、気が向けばボールをちょっと蹴ってみたり、ほかのチームの練習の様子を見に行ったりしていた。

時々、講演会や学校訪問などで子どもたちの前で話をする機会があるんだけど、そんな時、私は子どもたちにもイメージしやすいこんな話をするんだ。『毎晩寝る前に、サッカーが好きかどうか自分に問いかけてみよう。そしてその時、ベッドから起き上がってちょっとボールを蹴りに行こうかとついつい迷ってしまうかどうか、自分の心を確認してみよう』。実をいうと、大事なのはそこだけなんだ。

好きか、好きじゃないか。小さい頃にサッカーを始めたのは、ただ好きだったから、楽しかったからだ。サッカーをしてたくさんの金を稼ごうなんて考えたこともない。今はもう（十分稼いだから）引退することができるだろうけど、この仕事を私は満喫しているから引退するつもりなんてないね」

ビラノバ「サッカーをやっていれば、それだけでいつもとても楽しかった。18歳から19歳の頃、練習が終わって寮に帰ってきてからも、カンテラの寮の裏手にある芝の上でロンド(円陣の真ん中にいる鬼にボールを取られないように円陣の選手がパスを回すゲーム)をやっていた。僕は現在40歳になるけど、まだボールを触るのが好きだよ。今すぐにでも、壁に向かってシュート練習をしたいくらいさ。ボールで遊ぶのは今でも楽しいことなんだ」

グアルディオラ「情熱を持ち続けるか、あるいは情熱を失い途中で諦めるか。いつかプロ選手になることができたとしても、心の底からサッカーを好きだと思えないのならば、辞めてしまった方がいい。11歳から13歳くらいの子どもたちは、心配はいらない。いつも上手くなりたいと思っているし、常に競争意識があるからだ。コーチにいわれたことをよく理解する子も、そうでない子もいるが、必ずやる気がある。小さい子どもたちは、血のなかに競争意識を持っているんだ」

ビラノバ「本当にそうだね。プロのサッカー選手は、町の広場での試合に負けた時の10歳の子どもたちの半分も悔しがらない。サッカーで生計を立てているという事実が、競争意識を失わせるのだろう」

情熱と夢に年齢は関係ない。何かを満喫している時、人は地球上で一番幸せなのだ。すべての人が仕事を楽しむ幸運に恵まれているわけではないが、本当の幸せを実現したいのなら、少しでもいいからそのための時間を確保するべきなのだ。

子どもがお気に入りの遊びをして楽しんでいる姿を見ることほど喜ばしいことはない。情熱と夢を失ってしまった人を見るのは悲しいものだ。下部組織の指導者として私は、途中で情熱や夢を失ってしまった若者をたくさん目にしてきた。遅かれ早かれ、そうした若者はサッカーを辞めていく。子どものように毎日情熱と夢を持って生きている人は、常に一生懸命に生きることができる。叶えたい夢が常にあるからだ。好きなことを日々上達したいという夢が……。

グアルディオラ「勝つことは優れた育成と両立できる」
ビラノバ「バルサのカンテラでは、常に勝利を求められる。この勝者のメンタリティーはカンテラの若者がトップチームに上がった時に効果を発揮する」

どのようにしたら、若いサッカー選手が持つ勝者のメンタリティーを鍛えることができるだろうか。答えは明らかだ。勝ち続けることである。バルサのようなクラブでは、トップチームと同じようにカンテラでも選手全員に勝利を目指すための競争意識が叩き込まれる。勝ち続け、そして勝つことを習慣付けるのだ。

これはとても過激なやり方だが、そうすることで、勝利から生まれる慢心や優越感を剥ぎ取るのである。どんなに困難な局面でも常に力を出し切り、そして勝利する。そのために、指導者は子どもたちが競争意識を持ち続けられるような、ボーダーラインを設定する。

どんなに才能に恵まれた子どもでも、負けてばかりいれば、努力しても報われないと思ってしまうだろう。それはまるで無理な業績を上司から押しつけられ続けるようなものだ。目標を達成できないことが続くと、人は力を出し切り競うことをやめてしまう。

同じことが勝者のメンタリティーについても起きる。若いサッカー選手の頭に勝者のメンタリティーを定着させるためには、指導者は「力を出し切れば勝てる」というレベルを見極め、そのギリギリのところで目標設定・環境設定をしてあげることが重要なのだ。

グアルディオラ「勝つことは優れた育成と両立できる。若い頃からしっかり教育する良い方法は『力を出し切って勝つ』ということに慣れさせることだ。それをさせるには、どうすれば効果的だろうか。対戦相手を尊重すること、自分がクラブを代表していると自覚すること、指揮する人間がいることを受け入れること、戦術上の規律を守ること、練習はしっかりやること。要するに、しっかりやるべきことをやりながら常に勝利を目指すことの大切さを子どもたちに教えることが重要だ」

ビラノバ 「バルサのカンテラについていえば、まだある。親御さんが『子どもが家でプレイステーションばかりしないように、何でもいいからスポーツを……』と考え、どこかのスポーツチームに登録した場合は、別に多くのことを子どもに求める必要などない。しかしバルサのようなクラブでは、常に勝つこと、しかもクラブの哲学に沿った形で勝つことが求められる」

グアルディオラ 「選手交代で時間稼ぎをし勝利を引き寄せるというのが適切かどうかは、議論の余地がある。逆に『5対0ではなく9対0で勝て』と、レベルの高い選手ばかりにプレーさせ補欠選手にプレーするチャンスを与えないというのも考えものだ。だが本質として、すべての選手たちの胸に『バルサでは勝つことのみに価値がある』と刻み付けることは必要だ。こういうことも、育成では大事なんだ」

ビラノバ 「バルサのカンテラでは、常に勝たなければならない。この勝者のメンタリティーはカンテラの若者がトップチームに上がった時に効果を発揮する。カンテラから上がってきた選手の90％は機能する。常に勝ちに行かなくてはいけないと分かっているからだ。だが、すべての試合において『勝つためにプレーする』というモチベーションを維持することは、サッカーの世界では最も難しいことだ。私自身も、大事な試合よりもそうではない試合の方がプレーしづらかった。モチベーションを維持することが難しかったからね。逆に、大事な試合では簡単にモチベーションを高く維持することができて、だいたい良いプレーができていた」

グアルディオラ「タイトルをとるとマスコミが騒いでくれるが、辛い時期に支えになってくれるのはパートナーや家族だ」

ビラノバ「両親によくいわれたよ。『何様だと思っているんだ？ お前が上手くできることはボールを蹴ることだけだろう』って」

グアルディオラはバルサで浮き沈みを経験した後、2001年にイタリアへと渡ることを決断した。ビラノバはバルサのトップチームで地位を確立することはできなかったが、セルタ、フィゲラス、グラマネットでプレーし、そこで得たものを今、指導者として活かしている。いずれにしても、2人ともサッカー界を取り囲むマスコミの荒波に揉まれた経験を持ち、そして今なお揉まれているといっていい。

名声、富、ジャーナリズム、人気……生き馬の目を抜くようなこの世界で、時間はあっという間に過ぎ去っていく。サッカー選手が、過去や未来に振り回されず、今この瞬間を満喫し続けるためには誰かの支えが必要だ。そのために、家族や友人たちはまず欠かせない。そうした人々の存在が、サッカー選手にとって最大の救済になるからだ。彼らは良い時も悪い時も、いつもそばにいてくれる。一方、媚びへつらう人々は我々がしくじれば、その途端にさっと離れていってしまう。

グアルディオラ「両親や兄弟、そして大人になった時に自分で築く家族というものは、スポーツ選手の人生の中心軸となる。パートナーの支えがなかったら、私は監督になれなかっただろう。安心して家を任せられるからこそ、私はサッカーに集中することができているんだ。タイトルを獲るとマスコミが騒いでくれるが、辛い時期に支えになってくれるのはパートナーや家族だ」

ビラノバ「家族の安定は非常に重要だ。妻や彼女との間に問題を抱えたサッカー選手は、やっぱり良いプレーができないものだし、逆に精神的に安定している時は、良いプレーができるものだ。それに『ほかの人と同じように仕事をしているが、運良く少し多くお金をもらっている』と感謝することも大切だね。こういう考えを持てるかどうかは、小さい頃に受けた教育にかかっている。小さい頃、かんしゃくを起こした時に両親によくいわれたよ。『何様だと思っているんだ？　お前が上手くできることはボールを蹴ることだけだろう』って。この言葉を忘れたことはないよ」

「お前が上手くできることはボールを蹴ることだけだ」……この言葉は、世界中のすべてのユースチームのロッカールームに額に入れてかけておくべき言葉だ。私なら更にこう付け加えるだろう。

「自分のすることに価値があると思うなら、ほかの人がやっていることにも同じか、それ以上の価値があることを忘れてはならない。謙虚であれ。常に感謝せよ」

こういったアドバイスは、両親からサッカーをしている子どもたちに与えるべきものだ。両親の役割は、謙虚さや献身とは何なのかを子どもに気付かせること、そして、指導者の言葉が子どもたちの胸に響くように、子どもたちが抱く指導者への信頼を高めることにある。

ビラノバのケースは、個人的にとても興味深い。なぜならば、彼の息子のアドリアがバルサのカンテラで現在プレーしているからだ。ビラノバが息子のキャリアを導くのに充分な知識を持っているのは明らかだ。しかし、育成年代のサッカーをよく知る者として、彼は息子アドリアへのアドバイスには大変気を遣っている。

ビラノバ「この点、私にはジレンマがあって、どうすべきか分からないんだ。息子に多くのアドバイスをすべきかどうかが。私の父は全然サッカーに熱心じゃなかったから、一度もアドバイスをくれたことはなかった。13歳の頃、いわれたよ。『お前はサッカーについては、私より詳しい。だから私にはお前に何もいうことはない』って。そして今、息子にアドバイスすべきなのかどうか、私は迷っているんだ。もちろん自分もサッカーに関わっているわけだし、助けになることもできると思うが、同時に父が私に何もいわなかったから、私は上手く成長できたという気もしていてね。だから、今、私は息子がサッカーを理解することに繋がるようなアドバイスはしているが、プレッシャーをかけたり、厳しい要求をしたりはしないように細心の注意を払っている」

ここがポイントだ。アドバイスはOK。しかし、プレッシャーは「ノー」だ。そのほかのことは、指導者の手に委ねようではないか。育成年代に携わる指導者は、理論上、青少年のサッカー指導に必要な知識を持った専門家なのだから。我々指導者は、より良い指導を選手たちに提供するために日々努力を積み重ねているのだ。

私は16歳から青少年のサッカー指導に携わっている。タラゴーナ県コンスタンティーにあるトゥロー学校（幼稚園から高校までの一貫教育校）でサッカーの指導を始めた。私も4歳から通っていた母校だ。

学校のサッカーチームでプレーしていた時、体育の教師が私にチームを率いるリーダーシップがあると考え、3歳年下の子どもたちのチームでコーチをしないかと持ちかけてきた。私はよく考えもせずに、この挑戦を引き受けた。その時から今まで、たゆむことなく25年もの間、青少年のサッカー指導に携わっている。

当初、運がいいことに、開校以来となる結果を残すことができたが、実をいうと私が最も誇らしかったのは、楽しくないという理由で辞めた子が1人もいなかったことだ。これこそが私の成功であり、ずっと心がけていることである。

学校のサッカーチームの指導から、サッカー協会加盟チームでの指導に移ったのは地元のクラブチーム、FCカンブリルスのインファンティル（12歳〜13歳）の指揮をとることになった時だ。今のところ、私のサッカー人生で結果を出すことができなかったのは、あのシーズンだけである。ただ、確かにチームは降格したが、誰ひとりほかのチームに移籍したいとはいい出さなかった。あのシーズン、私は多くのことを学んだ。

その後、私はバルセロナで経営学を学んだ。本当はINEF（国立体育大学）へ行きたかったが、当時は入学がとても難しく、入試で落ちたのだ。この経験のおかげで、私は二つの挑戦を自分自身に課すことにした。一つは、いつかバルサのカンテラの指導者になること。もう一つは、持久力のテストで「不合格」になったので、いつかマラソンを完走することを自分に誓ったのである。

この二つの目標は、無事に達成された。1994年にバルセロナマラソンを完走し、2003年からFCバルセロナで指導している。ここまで来られたのは、バルサのカンテラ史上、特に優れた指導者の1人といっても過言ではない、ロドルフ（ロド）・ボレイのおかげである。レウス・デポルティウ（タラゴーナ県レウスのクラブチーム）で指導していた私に、ロドはタラゴーナ地域を担当するバルサのスカウトマンの仕事を薦めてくれた。その後、キケ・コスタスのような人々に信頼されて、バルサのアレビンB（10歳）でセルジ・ドメネク（この場を借りて彼に感謝の意を表したい）のアシスタントコーチを務める形で、バルサのカンテラの指導者になるという夢を叶えることができた。私はアレビンBを指導し、今はインファンティルB（12歳）を率いている（※）。私は指導者になるために生まれてきたような気がする。恐らく、世界中の指導者がそう思うのだろう……。

（※監訳者注……原著を執筆した当時、著者アルベルト氏は、インファンティルBの監督を務めていたが、その後2010年からはカンテラを統括するテクニカルディレクターに就任し現在に至っている）

グアルディオラ「監督の仕事をしていると、選手だった頃とは違う目でロッカールームを見るようになる。監督がロッカールーム内のバランスを保つことの難しさがより理解できるようになる。サッカー選手1人ひとりは、それぞれエゴ（自我）と希望と問題を抱えており、ロッカールームのメンバー全員がそれと共存していかなくてはならない。そして、監督は全員が全員を尊重するような妥協点や落とし所を見つけロッカールーム内のバランスを維持しなければならないのだ」

ビラノバ「ロッカールームには、様々な性格、文化、国籍の人々がいる。監督やコーチの務めは、お互いに尊重し合うようにすることと、個人的な人間関係がパフォーマンスに悪影響を及ぼさないようにすることだ。必ずしも友だちになる必要はなく、プロとして互いに敬意を持っていればいい。ロッカールームのなかでは最低限の品行が求められるが、選手全員を同じように扱うことはしてはいけない。選手たちも人間であり、ほかの人々と同じく、みんなそれぞれ違うからだ。選手1人ひとりに合った方法で対応することの大切さを忘れてはいけない」

サッカーの監督の仕事は、よくオーケストラの指揮者と比較される。確かにそれは当たっていると思う。色々な音が合わさって交響曲を奏でるためには、オーケストラの楽団員が正確なタイミングで楽器を弾くことが必要だ。そしてそれを統率するのは、まさしく指揮者である。サッカーの監督も同様だ。監督が引き受けなければならない最も重要な仕事は個人の集合体である組織を統率することだ。試合に勝とうが負けようが、組織を統率するという仕事は常に困難極まりない。

グアルディオラ「成功の秘訣は細部をよく観察することにある」

監督の目標は、選手各自の本質と特性を考慮し、各選手のハイパフォーマンスを引き出し、そしてそれをチームとしてまとめ上げることにある。選手1人ひとりで扱い方は違う。チームメイトの前で公然と叱った方が目が覚める選手もいれば、こっそり悪いところを指摘してやらないといけない選手もいる。監督が決して見失ってはいけないのは、チームの野望は選手個人の野望よりも重要だということだ。選手はエゴイストだが、監督も本来はエゴイストだ。しかし、両者の決定的な違いは、監督のエゴイズムはチームに功績をもたらすためにある、という点だ。

グアルディオラ「私たちが指導者として、どこが優れているのかは分からない。何の発明も改革もしていないからだ。私たちが応用している戦術上の概念はバルサで教えられてきたものだ。成功の秘訣は細部をよく観察することにある。あらゆることが既に機械的に進行してしまう週末の試合よりも、毎日の出来事に多くの注意を払うべきだ。私たちは毎日、選手の精神状態や顔つき、そのほかどんな些細なことにも、何千というほとんど読み取れないような小さな事柄にも変化がないか、常に注意を払っている。なぜなら、そのような細部が試合結果を大きく左右するからだ。だから、観察がカギなのだ」

信頼、自信、誠実さ、コミュニケーション力も良い監督の重要事項だ。選手は監督のメッセージを信じなくてはならない。言葉はいった通りに実行されなくてはならない。すべては良識と知識に基づいていなければならない。選手は監督を信じなくてはいけないし、監督は裏切ってはならない。選手と話をする時は恐れず、真摯に語り、思うところを誤魔化さずに伝えるべきだ。たった一つのうそで、選手を永遠に失ってしまうこともある。決断を下すのが監督の仕事であるから間違いを犯すこともあるだろうが、チームの信頼を勝ち取るためにも、決して隠れたりせずに面と向かって選手たちと常に向き合わなければいけない。

グアルディオラ「監督は様々な決断を下しながら、選手たちに信頼と安心を与えなければならない」

ビラノバ「追い風が吹いている時は、変化を起こすために必要なエネルギーがより高まっている時だ」

グアルディオラがいうように「観察がカギ」なのは、結局、小さな積み重ねが結果に結び付くからだ。ごく僅かなことを見逃したがために、最悪の結果を招くこともある。監督という仕事の役割は大きい。勤務時間に関係なく、24時間ずっと頭のなかでは練習中や試合で見たことを考えなくてはいけない。観察、分析、心理学。グアルディオラとビラノバの名コンビが結集する力がここにある。

グアルディオラ「良い監督はまとめ上手だ。私たちの役目は選手を助け、背中を押してやることだ。最終的にチームのためにゴールを決めるのは彼ら選手たちだが、彼らは誰かのサポートを必要としている。選手たちは彼らを導く言葉を必要としている。少なくとも、私は選手としてそれを求めていた。

どんなにプロとしてキャリアを積んでも、選手たちは負けることを恐れているし、『進むべき道はこっちだ』と導いてくれる人を求めている。これが私たち監督のすべきことだ。監督は、様々な決断を下しながら、選手たちに信頼と安心を与えなければならない」

ビラノバ「失敗の後よりも、成功の後にチームをまとめ上げる方が難しい。第三者には理解しがたいだろうが、重要な決断はチームが順調に機能し結果が伴っている時に下さなくてはならない。追い風が吹いている時は、変化を起こすために必要なエネルギーがより高まっている時だ。確かに、チームが機能せず試合に勝てない時には、誰もが危機感を感じ、何か決断を下す必要があることをみんなが理解するであろう。

しかし、それでは遅いのだ。『機能しているチームは、いじくるな』という言葉がサッカー界にはあるが、私はそうは思わない。成功とは、結果はともかく自分自身に設定した目標をクリアすることだと、私は思っている。結果がすべてではない。自分自身との戦いに勝つことができたのだとしたら、何も恥じることはない。成功と失敗、勝利と敗北は紙一重なのだから」

チーム戦術は今のままでいいのだろうか、それとも変えようか。この選手を起用しようか、それともあの選手を起用しようか。チームのエースをどのポジションで使おうか、フォワードか、それともミッドフィールダーか。この練習メニューはボールを使ってやろうか、それともボールなしでやろうか。チームの補強のためにA選手を獲得しようか、それともB選手を獲得しようか。

決断の連続。これこそが監督の仕事だ。直ちに下さなければいけない決断、熟慮の末の決断、練習中の決断、試合中の決断、監督室での決断。監督は絶えず決断を下さなければいけない。そして、決断に過ちは付き物である。結果がどうであれ、決断の責任をとるために、監督は給料をもらっているといっても過言ではない。

通常、我が国（スペイン）では物事が上手く行かなくなった時に決断を下す傾向があるが、それがいいとは限らない。物事が上手く行っている時に決断を下し変化をもたらさないと、遅かれ早かれ悪い時期が訪れてしまう。良い決断とは、ポジティブな結果が出ている時の追い風を利用し、予測の末に冷静に下されるものだ。

ビラノバ「この監督には自信と決断力がある、と選手たちに信頼されることはとても重要なことだ。たとえ監督が今いっていることにあまり意味がないとしても、そんな時でさえ、監督は選手たちに優柔不断な面を見せてはいけない。常に自信に満ちた行動をとらなければいけない」

グアルディオラ「選手たちは毎日監督を試している。だから、監督は『何を伝えるのか』

と『どう伝えるのか』に強い確信を持っていなければならない。試合中に起こるすべての現象を制御することはできず、運や偶然が試合の行方を左右することが多いことを、選手たちもよく分かっている。それでも『監督は自信を持って決断を下しているのだ』という信頼は、選手に心強さを与える。

ティトがいう通り、決断を下していれば間違うこともあるが、自信を持って語れば選手たちもその決断を信じてついて来てくれる。例えば、ホームでエスパニョールと試合をした日（結果は1-2で敗れた）、私はハーフタイムのミーティングで間違いを犯した。2、3週間後、そのことを素直に選手たちにコメントした。私とティトが完璧な人間ではないことを選手たちは知っているが、それと同時に、私たちが謙虚で真摯であることも彼らは知っている」

外部のプレッシャーから監督がチームを守り、チーム内の問題を外部に漏らさずにチーム内で解決するようにケアし続けていれば、選手たちは信頼と献身とで応えてくれる。いつもロド・ボレイがいっているように、監督は選手に個人的な貸しを作るべきだ。選手が監督に対しての借りを意識していれば、遅かれ早かれ、それを返してくれるだろう。

監督と選手の間に対話は必要ないと考える監督は多い。ヒエラルキーをハッキリと示す必要があると思っているのだ。「俺が命令するから、お前は従え」というわけだ。だが、これは違うと私は思う。日々の言動によって尊敬を勝ち取ることこそが、重要なのだ。必要とあれば、きちんと選手と面と向かって対話の場を持ち、率直にうそをつかずに向き合うべきだ。

また、チームの一員のようになるべきだと考える監督もいる。これも間違っている。全選手の友だちになることは不可能だ。監督は常識的な行動をとることを心掛け、各選手を1人の人として尊重し、そして、きっぱりとした態度で選手と向き合うべきだ。親は自分の子どもを深く愛していても、叱るべき時は叱りつけるものだ。それは監督も変わらない。選手の最高のパフォーマンスを引き出すために、アメとムチ、愛情と規律をもって接しなくてはいけない。

グアルディオラ「相手にしているのは人間なのだということを、私たちは忘れてはいけない。全員と良い関係を保つように努力しなくてはならない。なぜならば、ロッカールームで私たちは10ヵ月から11ヵ月もの長い間を一緒に過ごさなければいけないからだ。ほかの方法など、少なくとも私には思い当たらない。試合の出場機会が少ない選手は私に対して苛立ちを感じるだろうが、それは普通のことだ」

ビラノバ「それに、みんながみんな同じ人間じゃないことを考慮しなければいけない。全員が守るべき基本的なチーム規範はあるが、監督は選手1人ひとりの個性を把握しておく必要がある。みんなの前で檄《げき》を飛ばすことが効果的な選手もいるし、それを嫌う選手もいる。同様に、我々指導者にも機嫌の悪い日があることを選手たちは知っておいた方がいい。毎日ニコニコいい顔をしていられる人なんて、どこにもいないよ」

バルサのようなクラブでは要求されるレベルが高いため、監督をはじめとするテクニカルスタッフはチームのパフォーマンスに影響する可能性のある多くの不確定要素のコントロールに細心の注意を払い続けている。監督は、完全に信頼のおける熟練したテクニカルスタッフに囲まれてこそ力を発揮できるのである。

プレッシャーや試合の積み重ねでほとんど休息がとれないのだから、監督はテクニカルスタッフに任せるところは任せなければならない。幸い、グアルディオラとビラノバとともにいるテクニカルスタッフは層が厚く、人間的にもプロとしても申し分なく質の高い人材が揃っている。

グアルディオラ「バルサ・アトレティック（バルサのサテライトチーム）で監督をしてい

た時は違った。別のリズムだったんだ。過密スケジュールのトップチームでは休む時間もほとんど取れないから、疲れ果てている週もある。練習の時に、直接選手を指導するための気力や時間がなかったりして、ただ見ているだけの時もある。そういう時はテクニカルスタッフのティトやアウレリ、ローレン・ブエナベントゥーラにやってもらう。ピッチの上よりも、監督室での仕事の方が多いような気がするよ」

ビラノバ「その通りだ。選手が必要な時に、監督のエネルギーを直に感じ取るのはいいことだ。ひっきりなしに指図していたら、メッセージ力が小さくなってしまうかもしれない。でも、選手は監督の存在を感じるから、監督がその場にいることは大事だ。あらゆる仕事と同じように、誰がリーダーなのかは全員が分かっているから、選手に対する監督のひと声が持つ影響力はとても大きい」

グアルディオラ、ビラノバ「私たちの夢は、サッカーへの情熱を持ち続けることだ」

情熱は仕事へのエネルギーだ。辛い時を乗り越えるために、情熱が必要な気力を与えてくれる。辛い時はいつでも訪れるもの。世界中の監督という監督はすべて――1ユーロももらっていない監督から最高レベルの報酬を得ている監督まで――、天命によって働いている。報酬のあるなしで指導者業への意欲が変わるわけではない。生活の安定が得られるだけだ。

バルセロニスタ（バルサのファン）の多くはジョゼップ・グアルディオラとティト・ビラノバの2人がこの過酷な生活リズムにいつまで耐えられるだろうかと心配している。2人のように仕事に身を捧げ続けていたら、精神的にも肉体的にも消耗し、あまり長期間続けるのは難しいだろう。過密日程と彼らの働きぶりとの間には、家族、友人、休息といった、サッカー以外のことが入り込む余地はほとんどない。どんな夢がグアルディオラとビラノバの2人を動かしているのだろうか。

ビラノバ「私の夢は、子どもの頃から持ち続けてきたサッカーへの情熱を同じように持ち続けることだ。サッカーがずっと好きで、試合を見たくて、ボールを蹴りたいとずっと思い続けたい。実際、息子のアドリアは、私がシウダー・デポルティーバ（バルサの練習場）に行こうとすると、いつもいうんだ。『お父さんは仕事に行くんじゃなくて、好きなことをしに行くんだよね』と。まさにその通りだ」

グアルディオラ「私もティトと同じだ。今取り組んでいることに対する情熱を保つこと。情熱を感じなくなったら、その時が身を引く時だ。今は情熱に満ちているから、練習中に選手に檄を飛ばしたいと思うし、その直後には抱擁したくもなる。そのような感情の動きがなくなったら、潮時だろうね。練習を黙って見続けるようになったら、それはつまり情熱を失ってしまった証拠だ。情熱がなくなってしまったら、私は身を引くよ。それは、選手だった時に既に一度あったことだ」

サッカー界のために、2人が情熱を失わないでいてくれることを祈ろう。

ルイス・エンリケ・マルティネス

（現ＡＳローマ監督。原著が執筆された当時は、ＦＣバルセロナのサテライトチームであるバルサ・アトレティックの監督。ヒホン出身、１９７０年生まれ）

アストゥリアス州出身のルイス・エンリケはオープンな人間だ。率直で、人情に篤い。サッカー選手としての経歴を見ても分かる通り、彼は強い信念と個性を持っている。彼には人生に対する情熱があり、何事に対しても全身全霊を捧げて挑む。彼の発するひと言ひと言がそれを物語っている。サッカー界で大きな目標を達成するだけの精神的なタフさを持ち合わせており、引退後は、大変過酷で高い持久力を要求されるマラソンやトライアスロンに挑み、何度も完走を果たしている。

彼の考え方は明確である。「頑張り続け、戦い続けることが成功への道」というものだ。このような彼のメンタリティーは、次の言葉に表れている。

「スポルティングのアレビン（10～11歳）にいた時、小さくてとてもやせていたから、試合に出してもらえなかった」

ルイス・エンリケのサッカー人生は、フットサルから始まった。フットサルはアストゥリアスでとても人気のあるスポーツだった。エリスブル小学校のチームを皮切りに、その後ベンハミンの年代（8～9歳）に、友達の《ピトゥ》ことアベラルド・フェルナンデス（※）とシェイトサ小学校のフットサルチームで偶然一緒になった。2人が入ったチームはとても強くなった。すると、スポルティング（ヒホン地方を代表するビッククラブ）の下部組織が彼ら2人に興味を持ち獲得に動いた。フットサルではなく、11人制のサッカーをさせるためである。

（※監訳者注……アベラルドはルイス・エンリケと同様、その後プロ選手になり、センターバックとしてFCバルセロナで178試合、スペイン代表で54試合に出場している）

ルイス・エンリケ「当時の私にとって、フットサルはとても向いていた。というのは、子どもの頃の私は、小さくてとてもやせていたからだ。コートが小さいということは、私にとって有利だった。11人制のサッカーに転向して、その差に愕然としたよ。フットサルでは確実に先発出場できたのに、スポルティングではほとんど出場できなかった。サッカーは大好きだったし、情熱もあった。練習には欠かさず行ったし、自主練習までしたのに、キック力が足りなくて、試合にはほとんど出場させてもらえなかった」

ルイス・エンリケのようなケースは、とてもよく見られる。ある年代までは、身体の発育は子どもによってバラバラだからだ。11歳前後から18歳前後までの期間は、身体の発達具合が選手の成績を大きく左右する。この時期の子どもたちにとって、11人制のサッカーコートは非常に大きい（※）。子どもの成長は個々で違うから、成長の早い子はほかの子どもを「才能」ではなく「体力」で圧倒してしまう。彼らのドリブルは速く、シュートは力強く、動きは機敏だ。

（※監訳者注……つい最近までスペインの子どもたちは11人制サッカーを大人用の広いコートで行っていた。近年この問題を改善するため、小学生年代では7人制が導入され、コートも子どもに合わせて小さくしている）

この点は若い選手のスカウトに関わる人々が犯しやすい間違いである。ルイス・エンリケがスポルティングに移籍した時にも、似たようなことが起きたのであろう。将来性のある真の才能を持っている選手といえども、成長が遅くてフィジカル的に劣っている場合は冷遇され、出場機会は回ってこない。一方、成長が早いがゆえにフィジカル的に突出した選手は高く評価され、試合で起用される。ルイス・エンリケの場合、冷遇されることがあったにせよ、幸いなことに最終的にはプロ選手になれたが、成長が遅いことが原因で不遇な青少年期を過ごした選手はたくさんいるはずだ。

成長の遅い子どもたちが勝負できるようになるのには、数年待たなければならない。もし一部の選手の成長が早く、上のカテゴリーの選手のような身体になっていれば、上のカテゴリーに上げるべきだ。身体の小さい子たちは余計なプレッシャーに苦しまずに、自分のカテゴリーで試合をする。これによって1人ひとりの本当のレベルが分かり、選手のポテンシャルを正確に評価することができる。

余談だが、赤道直下の熱帯に住むいくつかの民族は、ホルモンの分泌の関係上ほかの地域の民族に比べて成長が早いことが科学的に証明されている。しかも、このような成長の早い傾向がある民族は、概してフィジカルコンディションに優れておりスポーツに秀でている。つまり、生まれながらにしてスポーツ向きの身体を持ち合わせているうえに、成長も早いわけであるから、将来性の有無に関係なく彼らが成長過程において飛び抜けたフィジカルコンディションで活躍することは容易に想像できる。

また、もう一つ興味深い事実がある。育成年代の強いチームのメンバーをじっくり観察すると、子どもたちのほとんどは1年の前半、つまり1月から6月に生まれているのである。7月から12月生まれの子どもたちはサッカーに向いていないのだろうか。

（※監訳者注……日本でも同様の現象が起こっている。ただ、日本では4月から3月生まれで区切られているため、4月から9月生まれの子どもたちが活躍する傾向がある。それゆえに、あくまでも「傾向」の話だが、1月から3月生まれの子はスペインでは得をし日本では損をしている。そして、11月や12月生まれの子は両国で損な役回りをしていることになる）

ルイス・エンリケ「スポルティングで出場機会がほとんどないまま2年が過ぎて、出場機会を得るために別のクラブに移籍したかったが、スポルディングはチームをいじりたくないからと移籍させてくれなかった。しかし、その6ヵ月後にアベラルドと私を急に放り出したんだ、体格が良くないという理由で。

おかしくないか。アベラルドと私はアストゥリアス出身の選手のなかでも、スペイン代表としてプレーした回数が最も多いんだ。にもかかわらず、私たちの身体が成長するのがほかの選手よりも遅かったために、デカくて力の強い、まるで大人みたいな子どもたちが試合に起用され、私たちには出場機会は与えられなかった。

僕は考えずにはいられなかったよ。あのチームは、何のためにサッカーをしていたんだろうって。サッカー選手を育成するためなのか、それとも目先の試合に勝つためなのか」

子ども時代は不遇な扱いを受けたルイス・エンリケだったが、とりわけ彼には才能があった。体格を理由にスポルディングをクビになったルイス・エンリケは、その後の4シーズンをラ・ブラーニャ（ヒホンにあるクラブチーム）でプレーし、徐々に頭角を現すようになる。フベニール（16〜18歳）の最後の年である18歳の時、ルイス・エンリケの才能は開花し、スペイン国内の複数のクラブチームが彼の獲得に乗り出した。しかし、彼は結局古巣のスポルティングにカムバックすることを決意し、19歳でついにトップチームでデビューを果たすことになる。実はバルサのフベニールに入団するためのテストも受けたのだが、カンテラの選手寮で1週間寝起きするうちに精神的に参ってしまったため、入団は実現しなかった。

時間はかかったが、最終的にはルイス・エンリケの可能性に世間は気付いたのだ。持って生まれた才能も、磨かなければ光らない。小さい頃から磨けば、光り輝く。そして、一度輝き始めた才能は決して失われない。むしろ時間とともに精度が上がり、完成度が高まるものだ。監督は、その才能をチームのために活かすことが仕事なのである。

ルイス・エンリケ「8歳や10歳や12歳で才能を持っている子どもは、一生その才能を失うことはないだろう。指導者の仕事は、その才能をチームに役立てられるように方向づけること、集団で働けば結果がもっと良くなることを選手に気付かせることだ」

「育成とは、時にはチームのエースをベンチや観客席に座らせておくことを意味する」

ルイス・エンリケも、本書のテーマとなっている「勝利か、育成か」という問題と真っ正面から向かい合ってくれた。育成年代のサッカーにおいて優先されるべきことは何か。彼はこの点に関して「真っ直ぐ」だった。バルサ・アトレティックの監督（2010-2011シーズンまで）であるルイス・エンリケは、人生のあらゆる障壁に対して常に「真っ直ぐ」に立ち向かい、そして情熱とともにクリアしてきた。

ルイス・エンリケ「子どもたちのチームの監督をしたいと思わないんだ。アレビン（10～11歳）や、インファンティル（12～13歳）、カデッテ（14～15歳）の年代では、結果を残すことよりも育成の方が優先されなければいけない。

チームの監督を始めるにあたって、バルサ・アトレティックを選んだのは、成長を望むだけでなく、勝ちにこだわる選手たちの監督をしたかったからだ。バルサ・アトレティックでは、勝利こそが勲章だ。しかし、インファンティルやカデッテのチームでは、勝利は決して勲章ではないんだよ」

「試合には出してもらえなかったけど、練習を休んだことは一度もない」

子どもが成長するためには、そして子どもの長所が伸びるためには、子どもは試合に出て競い合う必要がある。「勝利か、育成か」のジレンマを解決する答えが、ここにある。この考え方は、子どもたちの才能を無駄にせず、きちんと開花させるためにも有用だ。

もし才能があれば、遅かれ早かれ頭角を現すであろう。だとしたら、指導者がしなければいけないことは、サッカーに対する子どもの情熱が枯渇しないようにすることである。子どもの夢がプロのサッカー選手になることなら、その子の身体が今小さいからといって夢を諦めることがないように気を配らなければならない。まわりの選手が自分よりも大きくて強くて速くても、決して諦めずに頑張ることが大切だ。ルイス・エンリケは、まさにその通りにした。

ルイス・エンリケ「試合には出してもらえなかったけど、練習を休んだことは一度もない」

体格を理由に出場機会が与えられず、腐り、そして夢を諦めてしまった選手がどれだけいるのだろうか。自分の子どもの貧弱な体格を見て、それでもなおチームに入れ、我が子に惨めな競争をさせようと思う親はどれだけいるだろうか。

ここでもう一度、「バランス」というキーワードを使いたい。サッカーはスポーツだから、プレーをするにはスピード、パワー、持久力といった基礎体力が必要なことはいうまでもない。そこを評価することは大事だが、同時に、まだ熟していない果実を過小評価しないことも大切だ。熟すのを待ち、木に水をやり続けることが大事なのである。熟れた果実は、ひとりでに落ちてくる。子どもがサッカーに対して夢を抱いているなら、とにかく出場機会を与えてくれる場所でサッカーをプレーし続けることだ。「試合でプレーすることが木を育む水になる」からである。ルイス・エンリケに水を与えてくれたのは、ラ・ブラーニャだった。

何年か後のことだが、ルイス・エンリケがレアル・マドリーの右サイドバックとしてプレーしていた頃のこと、彼はたまたまスポルティング時代に彼を出場させなかった監督と再会したことがあった。

「ルイス、覚えてないかもしれないが、私も君をサイドバックで起用したな……」

ルイス・エンリケはきっぱりとこう答えた。

「えぇ、よく覚えていますよ、あなたのチームでは、私はほとんど試合に出たことがありませんでしたよ」

ルイス・エンリケ「競争する意味を学ぶためには、敗北を知らなくてはならない。改めて、私自身の例で説明しよう。スポルティングから一度放出された時のことだが、あの時、私のチームにはレギュラーのセンターフォワードが2人いて、その2人はほとんどいつもプレーしていた。2人とも身体が大きくゴールを量産していたが、彼らにはサッカー選手としての未来がないことは誰もが分かっていた。なぜなら、当時既に2人の成長はほとんど止まっていたからだ。
私は身体が小さく、あまりたくさんのゴールを決められなかったので、試合の出場機会は少なかった。しかし私の育成のために、チームは負けを覚悟してでも私を使うべきだったと思う。マレオ（スポルティング・ヒホンの下部組織であるサッカースクール）で、私は多くのことを学んだが、出場機会が少なかったがゆえに競い合うことは学べなかった。

誰のことも非難したくはないが、目先の結果がほかより劣っていたとしても、指導者はより可能性のある子どもを育成すべきだ。

これが正論であることは誰もが知っているのだろうが、実践するのがとても難しいのもまた事実。育成年代の指導者にも誇りがあるわけだし、試合に勝ちたい気持ちも分かるけど、勝利と育成との間に良いバランスを維持しなくてはいけない。育成するということは、時にはチームのエースをベンチや観客席に座らせておくことを意味する。それによって、選手の謙虚さも養われるからだ」

チームのエースをベンチに座らせることの意味は、何なのだろうか。ベンチに残された選手は、どんな気持ちになるのだろうか。当然のことだが、選手は指導者から大きな心理的影響を受ける。だからこそ、選手の心のバランスを維持したり、選手に考える機会を与えたりするために、バランサー（バランスを維持する装置）の役割を担う指導が効果を発揮する。傲慢には謙遜を。不安には信頼を。3点ゴールを決めれば、ベンチに座らせる。PKを失敗したら、次のPKも蹴らせてみる。

学習によって発達することができることは、自然が私たち人間に与えてくれた英知だ。間違ったからこそ改善することができるのである。育成年代では、ここを強調しなければならない。成功する機会と失敗する機会を与え、成功だけでなく、失敗からも学ぶ機会を子どもたちに与えてあげようではないか。子どもたち自身のために、そして、未来の社会全体のために。

「親が自分の子どもの熱狂的なファンになってしまうと、その子の育成に害をもたらす」

子どもの親は、自分に都合良くスポーツを見ているせいで、自分の子どもが実際よりも優れた選手だと思い込んでいる場合が多い。自分の息子を常にレギュラーで起用してほしいとか、親が望むポジションでプレーしてほしいとか思っているのだ。両親の役割については、本書の別の章で改めて触れるが、元プロ選手であり、現在はプロ監督であり、そして父親でもあるルイス・エンリケの考え方に耳を傾ける価値はあると思う。

ルイス・エンリケ「フベニール（16〜18歳）の時のチームメイトのなかには、私よりもずっと上手い選手が複数いたが、彼らは結局プロ選手にはなれなかった。夢を叶えたければ、誘惑に惑わされることなく、しっかりした心を持っていなければいけない。両親から受ける教育や躾《しつけ》が子どもの心に与える影響は計り知れない。バルサのカンテラの選手たちを見ていれば、それは明らかだ。ある選手が真面目でしっかりとした好青年の場合、彼の親もたいてい礼儀正しい。そういう親は人生において何が大切なのかを、子どもにきちんと教えているのでろう。子どもにプレッシャーをかけないし、子どもがハットトリック（1試合で3ゴールを決めること）をしても大はしゃぎすることもない。

幸い、私の父はこういうタイプだった。試合に全然出られない時は、戦い続けるんだといつも励ましてくれたし、たとえ試合中にボールに触れる機会が少なかったとしても『お前は凄く上手いぞ』といつもいってくれた。その代わり、スポルティングのフベニールで芽を出し始めると、パッタリそんなことをいうことをやめた。ただ、ずっと『常に戦い続けろ』とは口癖のようにいい続けていたね。

だが残念ながら、世のなかはそんな親ばかりではない。サッカーが上手い息子を一国の首相であるかのように接したり、金持ちになるための大きな希望として見る親は多い。14歳で代理人と契約するなんて、とんだ間違いだ。子どもたちが段階を踏んで成長していく姿を見守るべきだ。

才能のある選手は、遅かれ早かれ頭角を現す。親は指導者を信頼しなくてはならない。親が息子のパーソナルコーチになってはいけない。親が自分の子の熱狂的なファンになってしまうと、その子の育成に害をもたらす。子どもに過度のプレッシャーが加わることになるからだ。親がでしゃばらなくても、プロ選手になるべき選手はプロになるものだ」

ルイス・エンリケのコメントは非常に興味深く、教育的だ。彼の経験と意見は、プロ選手になりたいと夢見る多くの子どもたちとその家族にとって、大変参考になるだろう。どんな人々に囲まれて成長するかは、とても重要だ。と同時に、焦らずに地に足をつけた状態で段階を踏んで成長するためには、各自がそれぞれクリア可能な細かい目標設定をすることも大切である。

「サッカーをやるのが好きで、ゴールを決めるのが好きで、いつでもチームの『ピチーチ（得点王）』になりたかった。それが私の夢で、その先は考えなかった。ラ・ブラーニャのフベニール（16～18歳）にいた時、今では大親友になっているイスマエル・フェルナンデス監督が、私にいった。『ルイス、お前はサッカーで成功するぞ。凄い選手になるぞ』。

私はてっきりスペイン4部リーグのカウダル（カウダル・デポルティーボ・デ・ミエレス、アストゥリアス州にあるクラブチーム）辺りでプレーできる可能性が自分にあるのかと思ったけど、『いやいや、4部どころじゃない。1部リーグまで行けるよ』っていわれたんだ。

長期的な視野に基づいた目標を決めるのは、子どもにとって良くないと私は思う。1年ごとに、個人的な目標やチームの目標を設定する方がいい。現実的で実現可能な目標をね」

常に夢を追い求めることは大事だが、山頂ばかりに目を向けていると、足元にある石につまづいてしまったり、夢に到達するための小さなステップが見えなくなってしまう危険性がある。一歩一歩、ルイス・エンリケの言葉を借りれば「段階を踏んで」進んでこそ、夢は叶う。心のなかに大きな目標を持つことは素晴らしいが、日々クリアすべき小さい目標も設定するようにしよう。結果よりも、まずはプロセス。未来を見つつも、今、この瞬間をしっかりと生きていこうではないか。

「私たちは幼年時代を最大限に延ばしてやらなければならない」

「今、この瞬間を満喫する」というのは容易いことではない。現代社会は、物凄いスピードで進んでいるからだ。私は世界各地の人々と知り合ってきた。少年の心を失わないまま大人になったような、発展途上国の人々にも出会ってきた。彼らは決して経済的には裕福ではなかったが、とても幸せそうだった。

いつの日か、人生を猛スピードで走り続けることをやめ、思わず見とれてしまうような山並みに包まれた道をゆっくり歩くように生きていけたらいいなと思う。そうすればきっと、人生はもっと充実することであろう。そんな願望を達成するために、ルイス・エンリケの次のアドバイスはとても参考になる。

「私たち親は、子どもの幼少時代を最大限に延ばし、子どもがずっと子どもらしくいられるようにしてあげなければいけない。早いうちからプレッシャーをかけてはダメなんだ。サッカーをやる子どもたちの場合、家族と一緒にいる時はなるべくサッカーを話題にしない方がいい。子どもがハットトリックを決めた日は、父親はそのことを大ごとにせず、子ども本人よりもチーム全体について話をするようにした方がいい。サッカーを家族の中心にしないことがコツだ。例えば、サッカーの代わりに勉強を家族の中心的話題にした方がいい。両親や兄弟にとってサッカーの重要度があまりにも高まってしまうと、子どもにとってサッカーが頭痛の種になり、夢も失ってしまう。毎回の試合が学校の試験のようになってしまうからだ。

サッカーをプレーする子どもには、プレッシャーを与えない方がいい。子どもの頃、私の家では私の試合についてはほとんど話をしなかった。子どもは子どもらしく――。人間としての成長の方が、スポーツのレベルアップよりも大事なんだ。私の経験からいうと、家族が与えてくれる安らぎは、とても大切なものだ。プロのサッカー選手になると、時に称賛を浴びすぎて周囲を見失ってしまうこともある。そんな時、家族は現実へと導いてくれる。たとえ世界最高の選手であったとしても、家では普通の父と母の息子だからね」

有名になると、現実からの乖離を引き起こすことがある。社会的成功を収めた人々は、碇《いかり》で自分を地面に繋ぎ止めておかなくてはならない。この碇には、最も身近な人が適役だ。本人が育つのを見てきた人々、普段の姿を知っている人々だ。このような大切な人々を失ってしまったり、身近な人が近くにいることができない時期があると、成功した人物は孤独で、不幸で、助言も得られなくなる。残念ながら、スポーツや芸術の分野では、このようなケースは決して珍しくない。

「私の夢は、息子たちをできるだけ良い方法で教育することだ。私が子どもの頃に受けたようにね」

ルイス・エンリケは2004年に現役を引退すると、マラソンやトライアスロンに没頭した。このような超長距離の競技は、肉体的に非常に過酷であるがゆえに、肉体はもちろんのこと強い精神力を鍛えることにもとても役立つ。バルサ・アトレティックの監督に就任した2008年夏からは、これらの競技から一旦離れ、彼は監督業と家族だけに集中しているが、その時の鍛錬が効いているのであろう、今でも彼のフィジカルコンディションとメンタルコンディションは素晴らしい。

ルイス・エンリケ「私は監督という職業を気に入っている。自分でもここまで気に入るとは思わなかったね。監督業を始めたばかりだから、1部リーグで監督をすることは今はまだ考えていない（※）。オファーが届いたわけでもないしね。

それに、1部リーグで監督を務めるということは、仕事がとてもハードであることはもちろんのこと、家族と引っ越しを繰り返すことを意味するだろうし、そのほかにも多くの犠牲を払わなければいけないであろう。色々な意味で、とても厳しい世界だ。この厳しい世界に飛び込む心の準備が今の自分に既にできているかというと、まだよく分からない。それに、今、私はバルサ・アトレティックの監督をやっていてとても幸せだ。

私生活での私の夢は、息子たちをできるだけ良い方法で教育することだ。私が子どもの頃に受けたようにね。何よりも、息子たちがしっかりとした人間に成長してくれること、そして幸せであることを私は望んでいる」

（※監訳者注……本書がスペインで出版された翌年2011年夏に、ルイス・エンリケはイタリア1部リーグの名門ASローマの監督に就任した）

ホセ・ラモン・アレシャンコ
（バラカルド出身、1956年生まれ）

バルサで指揮を執る3人の若い指導者の考えを聞いた後、少し違う立場からの話も聞いてみようと思った私は、1992年ウェンブリーで、バルサが初めてUEFAチャンピオンズリーグに優勝した時にキャプテンを務めていた人物に会うことにした。スペイン代表にもなり、人々から愛されたディフェンダー、ホセ・ラモン・アレシャンコはバルサに13シーズン在籍し、引退するまでバルサのロッカールームでチームメイトの信頼を得続けた。

その後、数々のチームの監督を歴任。2005年からはバルサのカンテラの総責任者を務めている（※）。強い信念を持つ人格者で、身近な人々への接し方も非常に誠実だ。真面目で明るく、バルサのカンテラに所属する若い選手たちの育成に常に尽力している。

（※監訳者注……アレシャンコ氏は2010年6月に同職を退任している）

「小さい頃は、ずっとアスレティックでプレーしたかった」

子どもの頃、アレシャンコは、バスク地方の大部分のサッカー少年たちと同じく、いつかアスレティック・ビルバオ（バスク地方にある名門プロクラブ）でプレーすることを夢見ていた。それは当然のことだった。世界中のほとんどのサッカー少年は、一番身近なプロクラブでプレーしたいと憧れるものだ。この憧れの気持ちは山をも動かし、自分が設定した目標を達成する原動力になる。

誰でも大好きなスター選手のカードを集めたことがあるであろう。大人になっても、変わらずその選手のファンでいる。時々、今どきの若者には夢や希望がないのではないかと思うこともあるが、厳密にはそうではない。私やあらゆる世代の人々と同じように、彼らも夢や希望も持っている。

恐らく大人たちのせいで、夢の実現のために何と戦えばいいのかが見えなくなっているのかもしれない。頭にあまりにも色々なことを詰め込みすぎて、混乱しているのかもしれない。無意識のうちに、ほかのことに注意を向けるように仕向けられているのかもしれない。アレシャンコが幼少期を過ごしたあの時代の子どもなら誰もが持っていた真っ直ぐな気持ちは、今は失われてしまったのであろうか。かつては、夢を抱くことは決して難しくなかったし、目の前にあるシンプルなものにも価値を見出すことが容易だった。

アレシャンコ「家族が引っ越したことがきっかけで、私はサッカーを始めた。リョディオ（バスク自治州アラバ県）に住むようになって、私はビリョーサというクラブチームに入った。インファンティル（12〜13歳）のカテゴリーでプレーし始め、2、3年在籍した。その後、フベニール（16〜18歳）の選手だったのにもかかわらずフベニールではプレーすることなく、いきなりスペイン4部リーグに所属していたビリョーサのトップチームに飛び級したんだ。そこでの活躍が評価されて、その後アスレティック・ビルバオのサテライトチームと契約することになった。

サッカーへの情熱は、ビリョーサでプレーし始めてから私の心に芽生え始めた。それ以前も小学校のサッカーチームでプレーしていたことがあったが、それほど興味があったわけじゃない。小さい頃は、ずっとアスレティック・ビルバオでプレーしたいと憧れていた。だけど、ほかのクラブチームの試合も見ていた。サッカー以外にもペロータ・バスカ（バスク・ボール、壁にボールを当て、打ち合う球技）もプレーしていた。

いずれにしても、当時は特別な情熱があったわけではなく、ただの遊びだったね。小学校の校庭や町中の広場で友だちと一緒にサッカーをして遊んでいた。広場はだいたい長方形で、入り口の通路をゴールに見立ててプレーした。時々、民家のガラスを割ってしまうことがあったが、広場で遊んでいれば大人の目が届くので、禁止されることなく遊ばせてもらっていた。

そんなのどかな時期は、あっという間に過ぎてしまい、気付けば15歳か16歳で4部リーグに所属するビリョーサのトップチームでプレーするようになっていた。父は、地域の色々なクラブチームの役員をやっていたが、私にプレッシャーをかけたことは全くなく、おかげでずっと私はとても安心してプレーすることができた」

こうして、若きアレシャンコはプロのサッカー選手人生を順調に歩み始めた。上を目指すには、常に平常心を維持することが大切だ。義務感やプレッシャーを感じずに、リラックスした状態でサッカーに打ち込まないと、まず成功はあり得ない。夢を叶えるための日々の戦いは、それ自体だけで既に苦しいものだ。その戦いの辛さのうえに、義務感やプレッシャーが加わってしまうと、時として若者は不安に押し潰されてしまう。

「アスレティック・ビルバオのサテライトチームでプレーしていた私たちは、トップチームの選手たちをとても尊敬していた」

現代社会のなかで、伝統の持つ価値は大きい。クラブの歴史を築いた選手、監督、会長に敬意を払い、クラブの歴史や伝統を大切にするクラブを私は好きだ。クラブの下部組織は、そのクラブの伝統を選手たちに伝える役割を担うことができる。そのユニフォームの袖を通すことの重みや、そのクラブに属するとはどういうことなのかを、しっかりと若手選手に伝えることは大切だ。

子どもたちはサッカー以外においても、組織の一員として相応しく振る舞うことを学ばなければいけない。欲をいえば、所属するカテゴリーによって求められる行動指針に多少の変化をつけた方がいいだろう。年齢を重ねるごとに、よりフォーマルな言動が求められるのは当然だからだ。また、上のカテゴリーに昇格することに対する選手たちのモチベーションを高めるために、カテゴリーごとにロッカールームや練習グラウンドを使い分け、上のカテゴリーにより良い環境を分け与えるのも一つの手であろう。

現在、多くのクラブは生き残りのために、グローバリゼーションに望みを託している。もちろん未来を見据えるのは大切なことだ。しかし、過去の積み重ねを忘れてはいけない。「行く末」を知るには、「来し方」を知らなければならないからだ。

アレシャンコ「アスレティック・ビルバオのサテライトチームでプレーしていた私たちは、トップチームの選手たちをとても尊敬していた。トップチームのロッカールームに入ることは禁じられていたし、トップチームのロッカールームからスタジアムに通じる通路に足を踏み入れることさえも許されてはいなかった。彼らと一緒の練習に呼ばれることはほとんどなかったが、たまに呼ばれた時も一定の距離を保ち、特に有名選手たちには敬意を表さなくてはならなかった。初めは窮屈に感じたこともあったが、チーム内で認められるようになると、彼らは私たち若手選手に手を差し伸べてくれるようになった。

プロのチームへステップアップするために最も大事なことは、監督がチャンスを与えてくれることだ。チャンスは突然やって来る。例えば、ケガ人が出てその穴をカバーするために若手選手にチャンスが回ってくることもある。その際、監督が必要としている選手像に当てはまっていなくてはチャンスは回ってこない。どんな穴が空くのかは運次第ともいえるが、私にはその幸運が訪れてくれた。

アスレティックのトップチームに上がった時、出場機会を得るためにアラベスにレンタル移籍に出されたが、3ヵ月後、負傷した選手が何人か出たため、アスレティックに呼び戻されることになった。しかも、出場の機会を与えられただけでなく、デビュー後すぐにいいプレーをすることができたため、アスレティックのファンに温かく受け入れられたことは本当に幸運だった」

ピカソの言葉に「インスピレーションは降って湧いてくるものではない。努力を重ねた者に舞い降りるものだ」というものがある。アレシャンコには、この言葉通りのことが起こったのだ。いや、彼だけではなく、多くの選手たちに同じことが起こっている。ぼんやりしていては、チャンスなど決して訪れはしない。

ひとたびチャンスが来たと感じたら、それを最大限に活かさなくてはならない。もちろん、多少の幸運も必要だろうが、それよりもまずは監督の信頼を得ることが先決だ。プロ選手ならば誰でも、若かりし頃の自分にチャンスを与えてくれた監督のことを決して忘れることはないであろう。なぜならば、若い選手にチャンスを与えるのには常にリスクが伴っているため、その決断を下すには監督に勇気が求められるからだ。

「昔の練習には、人間性はなかった」

ひと昔前、サッカーの練習はスポーツの練習というよりも、軍事演習のようですらあった。ここ最近は状況が変わり、監督も選手を1人の人間として扱うようになったが、それ以前、特にバスク地方のサッカーでは、フィジカルと同程度に規律が重んじられていた。現在、選手と監督の関係はあらゆる意味で人間味を増し、関係性も公平さを増した。監督はチームを率いるため、選手との対話を持ち、寛容さや理解力を持たなければならない時代になったが、ひと昔前は決してそうではなかった。

アレシャンコ「私が若い頃に指導を受けた指導者たちはサッカーについては多くを語ったが、選手個人のことはほとんど見ていなかった。昔の監督は、ムチを振るって選手を鍛えるような、鬼監督ばかりだった。ボール練習なんてほとんどせずに、フィジカルトレーニングばかり。当時のバスクサッカーの戦術といえば、空中戦とぶつかり合いが重要視されていた。
ロッカールームでは一種の社会秩序が求められた。20人から30人が長い時間を共有し、絶えずお互いを認め合った。お互いに助け合い、価値を認め合い、そして批評し合うことは、とても大事なことだ。これはロッカールームに安定感をもたらすために必要なのである。チーム内には序列が必要だし、結束力や安定感も欠かせない。そうでなければ、試合の時に選手たちが結束してチームとしてハイパフォーマンスを発揮することはできないからだ」

集団には、ヒエラルキーが付き物だ。社会は規範とそれを適用するリーダーが必要なのである。サッカーのチームでも、これは変わらない。統率する監督やコーチ陣と、チームが機能するよう目を配って問題の芽を摘むキャプテンたちの役割は重要だ。キャプテンたちは、時に、チームの雰囲気に害を及ぼすような言動をしているチームメイトに注意しなければならない。リーダーは、チームメイトの信頼を勝ち取るために、公平でコミュニケーション力に優れ、常識をわきまえており、そして人格者でなければいけない。

「競争することを知ることは、勝利を知ること。そして何よりも、敗北を知ることだ」

本書で扱っている「育成年代では何を優先すべきか」というテーマについて、現在バルサの下部組織で総責任者を務めるアレシャンコの観点は、私にとってとても興味深い。勝つこと、競争すること、教えることは、どれも欠かせないが、バルサのようなクラブの責任者たちは、若いサッカー選手たちが競争することを学ぶことに重点を置いている。競争心は、選手の成長には絶対に欠かせない。しかし、「競争するからといって常に勝たなければならないわけではない」というのがポイントである。競争することが大事なのであり、勝敗はまた別の話なのである。

アレシャンコ「勝つことは重要だ。しかし勝利を得るためには、物事を上手くやらなければいけない。正しく根気よく努力すれば、往々にして勝利はついてくる。しかし、常に勝てるとは限らないことを、私たちは理解しておかなければならないだろう。

最も重要なのは、競争することを学ぶことにある。競争することを学ぶということは、勝利することを学ぶことであり、そして何よりも、負けることを学ぶことを意味している。平日の間、子どもたちは週末の試合で競争するために練習する。結果が勝利であろうと引き分けであろうと、はたまた敗北であろうと、常に競争することが大切だ」

すべての人、特に子どもたちは、勝利にも敗北にも等しく直面した方がいい。敗北すればプライドは傷つくし、落ち込みもするだろう。だが、相手への敬意だけは決して忘れないようにしたい。

もし充分に努力した末の敗北であれば、誰だって当然傷つくだろう。大事なのは「今日は相手の方が良かったのだから彼らを祝福しよう。でも次は自分たちが勝つぞ」という気持ちである。敗北には敬意を、勝利には謙虚を。ラグビーのように、伝統的に相手を尊重する文化を持つスポーツでは、試合が終わると、「ノーサイド」といって両チームが互いを褒め称える。サッカーファンがラグビーの試合の最後の数分にスタジアムにやって来たら、どちらのチームが勝ったか戸惑うかもしれない。

私はロッカールームに戻るまで、勝利に酔いしれるのは控えた方がいいと思っている。試合に勝ったのであれば、相手に握手の手を差し出し、努力を称え、自分たちは運が良かったとコメントすることだ。喜ぶのはロッカールームに戻ってからでも遅くはない。謙虚な気持ちはとても大切だ。

「サッカー選手は多くのことを犠牲にしている。引退すると、それを体で思い知る」

アレシャンコは、70年代の終盤にプロ選手としてデビューして以来、今までずっとサッカー界で広く名を知られた著名人だ。30年以上もの間、プロ選手やプロ指導者としてサッカーに携わってきたその経験から、サッカーを仕事にするとはどういうことなのかを、彼は実によく理解しているといっていい。

アレシャンコ「サッカー選手は多くのことを犠牲にしている。引退すると、それを体で思い知ることになる。長年のプレーで体に溜まったツケが回ってくるんだ。プロスポーツでは確かに大きな喜びや利益が得られるが、その一方では体を酷使しなければならず、友人や家族と過ごす時間も失いがちになる。

あの日、ウェンブリーでUEFAチャンピオンズカップ（現UEFAチャンピオンズリーグ）のタイトルを獲得してヨーロッパのチャンピオンになった時、ようやくセビージャでの痛手（1986年にセビージャで行なわれたUEFAチャンピオンズカップ決勝戦にバルサは進出したが、惜しくもPK戦で敗退。その時、アレシャンコはPKを外している）を忘れることができた。拍子抜けするほどあっさりね。1992年、私はサッカー選手としてキャリアの頂点にいた。そして、引退を決意した」

私たちの目から見えるのは、スポーツ界のエリートたちの外側だけだ。高額の報酬、社会的地位、名声……。しかし、彼らが同年代のほかの若者たちのような楽しい時期を過ごすことができなかったことを、人はなかなか理解しない。思春期から青年期は、人生で一度きりである。一流のスポーツ選手が栄光に彩られた人生を送ることができるのは、それだけの犠牲を払っているからだ。そして、犠牲を払うだけ払い、何も得られないスポーツ選手も少なくないのである。

そんな状況のなか、サッカー選手は最も恵まれた立場にいるかもしれない。というのは、少なくとも数あるスポーツの中で、最も高収入を得やすいからだ。だが、成功した者もできなかった者も、必ずそのキャリアの過程で多くの犠牲を払うことになる。プロ選手を目指すということは、その覚悟を決めることでもあるのだ。

第2章

カンテラが生んだスター選手たち

カンテラからトップチームへと繋がる道

バルサのカンテラ（下部組織）でプレーしている子どもたちならば、トップチームでデビューすることを誰もが憧れている。それを実現できる可能性はごく僅かであるが、門戸は数年前から常に開かれている。特にジョゼップ・グアルディオラ体制になってからは、より積極的にカンテラの選手にチャンスが与えられるようになり、現在のトップチームでは生え抜き選手たちがたくさん活躍している。

しかし、バルサのカンテラに所属している多くの選手が、最終的にはプロ選手になれないことも事実である。順調に成長していた子どもの多くが、どこかのタイミングで足踏みしてしまうのである。なかには、ほかのクラブに移籍してプロ選手として高い報酬を得る選手もいるが、足踏みをしてしまった時点でバルサのトップチームへの道は閉ざされたも同然だ。カンプ・ノウ（FCバルセロナのホームスタジアム）へと到達するには、情熱、才能、努力、規律、そして運が必要だ。それらがすべて合わさって初めて、ようやく狭き門が開き始めるのである。

カルレス・プジョル、シャビエル（シャビ）・エルナンデス、アンドレス・イニエスタは、ただトップチームに到達しただけでなく、その地位を守り続けている。そして、グアルディオラ監督のもと、リオネル・メッシを中心にＵＥＦＡチャンピオンズリーグ制覇など、６冠を達成したチームの核となって活躍した。メッシは成長ホルモンの分泌異常による低身長症を治療するために、13歳で故郷のアルゼンチンからバルセロナに移り住み、ついには世界一の選手になった。

ティエリ・アンリの場合は、彼らとは少し話が違う。アンリは、バルサのカンテラで育成されたわけではない。しかし、パリ近郊でサッカーを始めた頃から、いつかヨーロッパのビッグクラブのユニフォームを身にまといたいと願っていた。通った道こそ違うが、アンリも夢を現実にすることができたという点では共通している。

プジョル、シャビ、イニエスタ、メッシ、アンリ……彼らはどうやって今の成功を手に入れたのだろうか。どんな障害を乗り越え、どんな道を歩んできたのだろうか。

カルレス・プジョル
（ラ・ポブラ・デ・セグール出身、１９７８年生まれ）

パリとローマ（２００６年度、２００９年度のＵＥＦＡチャンピオンズリーグ決勝戦の舞台）でキャプテンとして優勝カップを掲げたカルレス・プジョルは、「努力、根気、粘り強さがあれば、どんな目標も達成できるのだ」ということを示してくれた。実をいうと、プジョルは骨の髄まで「クレー（バルサ・サポーターの愛称）」だったらしいが、彼自身は出身地のラ・ポブラ・デ・セグール以外の場所でサッカーをすることはきっとないと思っていたのだという。

しかし、17歳の時、バルサのカンテラへの入団する機会が巡ってくると、彼はすぐさま飛びついた。天才的な技術を持っているというわけではなかったが、彼の持つメンタリティーや運動能力、人柄がバルサのテクニカルスタッフの心を捕らえたのである。こうして、プジョルは故郷を離れバルセロナに住み始め、サッカーと自分の夢にすべてを捧げる人生を始めたのだった。

「夢の実現のために最善の努力をしろ。それができれば、たとえ夢が叶わなくても、胸を張れるはずだ」

「いつも最後の電車に乗るんだ」と本人が語るように、ほかの選手に比べると比較的遅くラ・マシア（FCバルセロナの選手寮）に入寮したプジョルだったが、すぐに自分の家のように馴染むことができた。フベニール（16〜18歳）からバルサC（バルサの3軍）へ、バルサCからバルサB（バルサのサテライトチーム）へ、そしてバルサBからトップチームへ……。右サイドバックを探していたファン・ハール（当時のバルサのトップチームの監督）がプジョルを抜擢《ばってき》したのは、プジョルがマラガCFへの移籍を真剣に考えていた時のことだった。トップチームでデビューを果たした1999年以来、プジョルは押しも押されもせぬバルサのトップチームの一員となり、そこで成功も失敗も味わった。

バルサのカンテラに加入した時に、父がくれたアドバイスを忘れたことはないと、彼はいう。「ラ・ポブラ（カタルーニャ州にあるレリダ県の田舎町）に帰ってくるなら、できることを全部やってきてからだぞ」という言葉である。この言葉があったからこそ、彼は偉大なキャプテンの道を歩むことができたのである。

プジョル「小さい頃、小学校のチームでフットサルをやっていた。当時、ラ・ポブラには育成年代のチームがなくて、大人のトップチームしかなかったんだ。道やサッカー場でよく遊んだよ。家の真ん前にあったからね。14歳になるまで11人制サッカーはプレーしなかった。

14歳の時からは、ラ・ポブラ（町の名前と同名の地元クラブチーム）のトップチームとともに練習しつつ、当時できたばかりのフベニール（16〜18歳）でプレーし始めた。最初はゴールキーパーをやっていたんだけど、背中をケガしたこともあり、フォワードに転向した。16歳になると、兄のプッチと一緒にトップチームでプレーするようになった。17歳になった時、ラ・ポブラの監督ジョルディ・マウリと、代理人のラモン・ソストレスを通じてバルサへ行くチャンスがやって来た。年齢的にはギリギリだったよ。ずっとバルサでプレーできるようになるのを夢見ていたから、何としても実現させなくちゃって思ったね。

父がいつもいっていたように、『夢の実現のために最善の努力をしろ。それができたら、たとえ夢が叶わなかったとしても、胸を張れるはずだ』……これは僕のモットーになっているけど、すべての人に贈りたい言葉だね」

「トップチームに上がりプレーし続けるためのカギは、日々の行動と努力だ」

バルサのカンテラには、毎シーズン、世界中から何十人もの少年たちが入団してくる。数年前から、前途有望な若者を獲得する対象地域が大幅に広がり、バルサのグローバル化が下部組織でも見られるようになった。シーズンごとにアフリカ、南米、ヨーロッパ各地の少年たちがやって来るが、要求されるものは、みんな同じ。それは「夢を叶えるための最善の努力」だ。

サッカーでは、文化、人種、言語によって差別されることはない。最も大事なのは、目標を立て、情熱とともに目標に向かって邁進することである。夢を実現するための第一の条件は、夢を持つこと。第二の条件は、夢を叶えたいと願うこと。一見簡単そうだが、色々なことを犠牲にしつつサッカーに打ち込み続けことは、決して容易なことではない。

更にバルサのトップチームに上がるには、「ちょうどいいタイミングにちょうどいい場所にいる」という運も必要だ。そして、トップチームに入ってから、プジョルやシャビのように10年間も活躍し続けるのは、まさしく偉業といっていい。

プジョル「バルサのカンテラの入団テストに受かって、フベニール（16～18歳）でプレーし始めるようになると、自然と自分の可能性を信じられるようになった。トップチームに上がりプレーし続けるためのカギは、日々の行動や努力だ。フベニールまでは、テクニックが優れていれば活躍できるかもしれない。

しかし、それ以降は自制心を持ち、日々努力を継続しなければ、プロ選手になることは難しい。テクニック的には私よりずっと上手いのに、メンタル面がダメで脱落していったチームメイトが何人もいたよ」

バルサの下部組織に携わる指導者ならば誰しも、優れた才能に恵まれているにもかかわらずチームを去らざるを得なかった数多くの選手を見送った経験があるだろう。こうしたケースは、F1のレーシングカーに例えることができる。一番パワーのある精巧な車を手に入れることができても、ドライバーがレースの間ずっとアクセルをしっかり踏み込んでいなかったら、勝つことはできない。それより馬力は小さいが、可能性を精一杯使って運転するドライバーの方に勝利の女神は微笑むのだ。

だから、もしサッカーの才能があり、かつ夢を叶えたい気持ちがあるのであれば、迷わずエンジン全開で行くことだ。才能を最大限に活かすには、粘り強い努力以外にない。毎日の練習に真剣に取り組み続けることが重要なのだ。

「31歳だからといって、更に上達することを諦めたりはしないよ。ずっと学び続けないといけない」

粘り強さと、毎日指導者やチームメイトから学ぶのに必要な謙虚さ。これは必要不可欠なものだ。学び続ける能力がなければ、進歩は止まってしまう。毎年レベルを高めていくには、毎日少しずつレベルアップするように心がけるしかない。もうすべてやり遂げたと思った瞬間に、プロとしての衰えが始まる。毎日上達するために努力し続けることは、1人の人間としてとても大切だ。また、どんな分野であろうとも、プロには向上するために学び続ける義務と責任がある。

プジョル「練習中に『もっと本気でやれ』といわれるようなことは、一度たりともなかったね。少し抑えているのに、頑張りすぎだといわれたことはあったけど。僕にとって練習に行くのは、嫌なことでも何でもないんだ。とても楽しいよ。31歳だからといって、更に上達することを諦めたりはしないよ。ずっと学び続けないといけない」

「一流になるには、競争心が強くないといけない」

練習や試合での姿を見ていれば、実際にプジョルがいつも全身全霊でサッカーに打ち込んでいるのが容易に分かるであろう。いつ見てもプジョルは、まるで今日がサッカーのできる最後の日だといわんばかりに全力でプレーしている。キャプテンのプジョルは「負けるのは大嫌いだ」と公言している。それゆえに、本書の「勝利か、育成か」というテーマに関する彼の意見はとても興味深い。

プジョル「育成がとても重要だということは認めるよ。でも、私は試合に負けると本当に腹が立つんだ。これは性格にもよるのだろうね。『勝利か、育成か』というのは興味深いテーマだとは思うけど、サッカー選手の立場からすると、試合に負けても頭に来ないというのは、どうかしている。私には理解できない。練習中のミニゲームでさえ負けたら腹立たしいからね。私は一生そうなんだと思う。サッカーでもテニスでも、どんなスポーツをやっていてもね……。

一流になるには、競争心が強くないといけない。私の選手生活で一番精神的にダメージが大きかったのは、2008年5月7日のクラシコ、サンティアゴ・ベルナベウでレアル・マドリードに4対1で負けた時だ。あまりにも悔しかったから、日付までしっかり覚えているよ」

もちろん、プジョルのサッカー選手としての意見は理解できる。これはこれでいいと思う。しかし、我々育成年代の指導者はもう少し違う見方をする必要がある。どんなスポーツでも、育成年代では勝つことは成長の過程で大切には違いないが、それが最重要課題では決してないのだ。

私はいつも選手たちに「試合に負けて悔しがるのはいいし、それは自然なことだが、それはシャワーを浴びるまでにしなさい」と教えている。頭からシャワーを浴びている間に、サッカーはゲームであり、必ず勝者と敗者があることを理解する努力をしなくてはならない。

確かに、試合に負けて怒ったり悔しがったりするのは、それだけ真剣だという証だ。しかし、「勝ち負け」とは決してスコアボードに映し出される試合結果だけではなく、もっと奥が深いものだということを理解しなければいけない。「負ける」とは、自分のすべてを出し切らないことである。逆に「勝つ」とは、自分のすべてを出し切ることである。つまり、「勝ち負け」とは己との戦いに勝つか負けるかのことでもあるのだ。

「私は人生の一時期を犠牲にしてきた。友人たちが経験し楽しんだことを私は経験できなかった」

バルサのカンテラの指導者たちは、選手たちがどんな行動をしているか、注意深く見守っている。サッカーが上手く、メディア露出の多いビッグクラブ、ＦＣバルセロナに所属していることで、選手本人やその周囲の人々の普段の生活態度が変わってしまうことがあるからだ。

バルサのカンテラの選手になり、バルサのユニフォームに袖を通した瞬間に、「夢が叶った」と錯覚する選手もいる。思い違いも甚だしい。実際は、プロ選手になるために歩まなければいけない道のりはまだまだ先が長いのに、バルサのカンテラに入団して満足してしまったとしたら、その時点でもう先はない。

例えば、まだとても若いのに既に代理人と契約している選手がいる。代理人は、選手の利益を守る役割を果たしているので、プロサッカーにはどうしても必要な存在だが、育成年代では逆効果になりかねない。というのは、そのつもりがなくても子どもや家族に「サッカーはもう遊びではない。仕事だ」と実感させ、それによって若い選手にとって不要で、恐らく有害なプレッシャーをかけることになるからだ。

複雑な状況にいる子どもたちの支援役として、代理人が役立つことがあるのは認める。しかし、育成年代の子どもにとって、最高のサポート役は家族だ。両親は子どもを人間として育て、我々指導者はスポーツ選手として育てるのが任務だ。

子どもたちのまわりには、成長を阻害する可能性のある危険な要素がたくさんある。有名になり世間に認められたら、なおさらだ。

プジョル「有名になった際に、それを上手く対処するのは難しい。私たちは決して偉いわけではなく、単にサッカーをやっているだけなのだ、ということをしっかりとわきまえなくてはいけない。私たちが有名なのは、テレビを初めとするマスコミの注目度が高いからであり、例えば命を救う仕事の人など、私たちよりもっと重要な仕事をしている人はたくさんいる。

私たちは恵まれているのだろうけど、人目を気にして、冷たい飲み物を片手にテラスでくつろぐこともできないのが、辛い時もあるよ。私は人生の一時期を犠牲にしてきた。友人たちが経験し楽しんだことを私は経験できなかった。引退して、テレビに出なくなったら、ファンの熱も冷めるらしいけどね」

インファンティル（12〜13歳）より下の世代では、息子が成功してサッカー選手になると信じる両親が、期待するがゆえに子どもを潰してしまうことがある。それより上のカテゴリーになり、思春期を迎えると、バルサのカンテラに所属することで生まれる社会的影響に本人たちが気付き始める。だから、地に足がついていないと、悪い仲間、夜遊び、派手なファッションといった外の誘惑に負けて、練習を疎かにしたりするのだ。
そしてプロへの最終段階であるフベニール（16〜18歳）やアマチュアリーグで小金を稼ぎ始めると「自分は同年代の若者よりもたくさんのお金をサッカーで稼げるのだ」と考え始め、社会の現実からほど遠い無駄な浪費に走りやすくなってしまう。そして何よりも、プロ選手になるために欠かすことのできない努力を怠るようになってしまうのだ。

プジョルが例にあげて話してくれたように、夢の実現には、何らかの形で犠牲が付き物だ。必ず何かを諦めなくてはならないのだ。

シャビエル（シャビ）・エルナンデス
（テラッサ出身、1980年生まれ）

プジョルと同じように、シャビエル（シャビ）・エルナンデスも生粋のバルセロニスタ（バルサのファン）であり、サッカーファンだ。サッカーに関係の深い家族に囲まれて育ち、幼い頃からサッカーボールが大好きだった。シャビは1990年にバルサのカンテラに加入し、「カンテラ育ちのたたき上げの4番」（数字は背番号ではなくポジションを表す）として、次世代のピボーテ（「軸」という意味。セントラル・ミッドフィールダーのこと）を代表する選手に成長した。

バルサのカンテラ育ちのピボーテとしてはルイス・ミジャが最初で、ジョゼップ・グアルディオラがこのポジションのプレーを成熟させ、その後シャビがグアルディオラのプレーを参考にしながら進化させた。深く攻め込み、スピードを上げ、多彩に動き、ゴールを決め、相手を背負ってプレーする……という形で。

シャビのトップチームデビューは10年以上前だが、その後も謙虚な姿勢で学び続けることで、エリート集団のなかで活躍し続け、今では世界を代表する選手の1人といっても過言ではない。プロ選手になりたいと願うすべての若者にとって、模範とすべき選手の1人だろう。

シャビはピッチ上で活躍し注目を浴びることに喜びを感じているが、サッカー場の外では決して目立つことを求めていない。カンプ・ノウ（FCバルセロナのホームスタジアム）で司令塔の役をグアルディオラから引き継いだように、遠くない将来にシャビがグアルディオラの歩んだ道をたどるように指導者になったとしても、全く不思議はない。サッカー界は謙虚で日々学ぼうとする意欲に溢れた指導者を必要としている。

「僕がサッカー病にかかっているのは承知しているよ」

エルナンデス家の話題はいつもサッカーだった。シャビとサッカーについて話してみると、そのことがよく分かる。ピッチ上での彼のプレーと同じように、シャビはすごく自然に、自由に、自信を持ってサッカーの話をするのだ。サッカーの話をするのが、彼は大好きなのだろう。

シャビ「僕はサッカー好きな家庭に生まれた。父は選手として引退した後は、指導者をしていた。祖父はテラッサのクラブチームの会長だった。2人の兄、アレックスとオスカルもサッカーをやっていて、もちろん僕も確か4歳か5歳でサッカーを始めたはずだ。

最初に入ったクラブはジャバックで、それから父が仲間たちと立ち上げたテラッサのサッカースクールに移った。ある日バルサとの試合に出た時、僕はバルサのコーチ陣に気に入られ、その後入団テストに受かって10歳でバルサに加入した。アセンシ監督率いるアレビンAチームだった。毎日、バルサの練習場に行くのに、テラッサまでタクシーが迎えに来てくれたよ」

ここでちょっと考えてみよう。シャビがバルサのカンテラに入ったのは10歳の時だった。場合にもよるが、10歳か11歳になると育成は次のステップへと移る。この時期までに子どもたちが伸び伸びと自由に身に付けてきたことを、今度は磨く番だ。もちろんこの時点では、子どもは人としてもサッカー選手としても未熟であり、サッカーの細かな指導を受けていない場合が多い。では、この時期までに何をしておかなければいけないのだろうか。10歳まではボール、ボール、そしてまたボール。何時間も、何時間もボールで遊び続けることが大切だ。子どもはボールで遊んだ時間が長ければ長いほど上達する。巨大なダイヤの原石のようなものなのだ。ボールで遊んだ時間が長ければ長いほど、ダイヤの原石も大きくなる。

しかし、その後は輝くダイヤモンドにするために研磨しなくてはならない。だから、10歳頃までは子どもはひたすら遊ぶべきだし、10歳頃からは指導者は子どもがサッカーの考え方を身に付け、競争心と学習意欲を発達させるように導いてあげなければいけない。

シャビ「僕がサッカー病にかかっていることは承知しているよ。いつも色んな試合を見て、サッカー選手のカードを集め、ワールドカップに夢中になっていた。いつでもボールを追いかけていたものさ。あの頃は一日中、外で兄弟や友だちと一緒に遊んでいた。僕らはテラッサのカ・ナウレイ地区にあるプログレス広場によく行った。あの広場でたくさんのことを覚えた。年上の子どもたちとサッカーをしていたから、いつも全力でプレーしなければいけなかったね。

そう、でも決定的に飛躍したのは、バルサのカンテラに入った時だ。ボールを持っている時にもルックアップする（顔を上げる）、ボールをもらう前にまわりを見る、そして、コントロール・オリエンタード（次のプレーに繋がるトラップ）。そういった、僕にとって真新しい技術を学ぶことができた。ジョアン・ビラ、エル・ロボ、エル・カルモーナといった指導者たちから多くを教わった」

「ボールを失わないことは僕の強迫観念になった」

シャビは、ともすればマイナスに働いたかもしれない環境にいた。父ジョアキムが、サッカーの指導者だったことだ。このことについて、シャビは「父の助言が上達するのに非常に役立った」といつも話しているし、「指導者のいうことをよく聞くように、と繰り返し言い聞かせられたのを覚えている」とも話している。

育成年代の子どもたちを持つ親は、子どもにプレッシャーをかけないように手助けしてあげた方がいい。しかし、残念ながらそうではないケースが多々ある。親たちは指導者に対して不満をぶつけてくる。息子の出場機会が少ないとか、ポジションはこっちではなくあっちの方がいいだとか、挙げ句の果てに、指導者の仕事ぶりに対して批判をしてくることもある。これがNASAの物理学者だったら、仕事ぶりを批判しようなどとは誰も思わないのではないだろうか。子どもの指導に適した人が指導者を務めているし、指導者は子どもたちにサッカーの知識を指導する術を知っている。親たちは、それをよく理解していないのだろうか。

シャビ「家ではいつもサッカーの話をしていたよ。母もサッカーが大好きで、いつも僕のことを上手だと褒めてくれた。その代わり、父は普段からだいぶ批評的で、アドバイスはとても的確だった。けど、僕にプレッシャーをかけたことは一度もない。むしろ僕を導き、欠点を修正してくれた。小さい頃、いつも父にいわれていた。『楽しめ、黙れ、見ろ、聞け、そして学べ……』と」

シャビは多くを学び続け、30歳を待たずして、公式戦出場回数がバルサ史上第2位を記録するほどになった。シャビより回数が多いのはミゲリだけだが、シャビにはこの記録を越えるだけの時間も実力も充分に備わっている。彼にこの偉業を成し遂げさせたのは、彼のプレーの安定性とプロ精神、そして、ボールをキープする類稀な能力だ。ヨハン・クライフの時代以来、バルサが実践しているボールを大切にするプレースタイルにはシャビのようなボールキープ力を持った選手は必要不可欠だ。

シャビ「ボールを失わないことは僕の強迫観念になった。家では『責任を持ってサッカーに取り組め』といつも教えられ、バルサではボールを支配することの重要性を叩きこまれた。クライフがいう通り、僕たちがボールを持っていれば相手はボールを持てないわけで、それだけ勝つ可能性が高くなる。だから、僕はロンド（円陣の真ん中にいる鬼にボールを取られないように円陣の選手たちがパスを回すゲーム）やポゼッションゲーム（2チームに分かれ、相手チームにボールを取られないようにパスを回すゲーム）をずっと繰り返しているんだ」

「負けた時に感じる苛立ちを表に出すことはいいことだ。スポーツは競争だからね」

シャビは20年近くにわたってバルサのあらゆるカテゴリーを経験しており、将来指導者を務めるための素質も兼ね備えている。それゆえに、彼が育成年代のサッカーに対して持っている意見には、特別な重みと付加価値があるといっていい。なにせ、シャビは育成年代で出場したほとんどの試合に勝ち、その過程でサッカー選手として成長してきたからだ。

シャビ「バルサの育成哲学は完璧だ。なぜならば、育成で最も重要な『バランス』を持っているからだ。プロの世界に上がる前段階では育成と教育が優先されるが、競争心を持ち続けることもそれと同じぐらい重要だ。バルサでは、そのバランスが上手く維持できている。育成と競争心のどちらの方が重要かと問われれば、育成だろうね。少年たちに『サッカーとは何たるか』を教え込むこと。

サッカーに内在する原理原則を指導することが大切だが、それと同時に、競争心を持つこと、試合には勝たなくてはならないということもしっかりと教えなければいけない。負けた時に感じる苛立ちを表に出すことはいいことだ。スポーツは競争だからね。

カンテラでは育成が優先されるが、目的は勝つことだ。スポーツは競争だ。このメンタリティーが身に付けば、トップチームに昇格した時に大いに助けになる。トップチームではとにかく常に勝たなければならないからね。バルサでは勝たなければ、意味がないんだ。ホームの試合で引き分けても大惨事さ。このような勝負の世界の厳しさや勝つことの大切さは、バルサのカンテラでプレーしていれば嫌でも身に付く。バルサのアレビン（10～11歳）で、24試合連勝した後のホームゲームでグラノジェルスに負けた時、悔しくて泣いたことを覚えているよ」

シャビの見解は理解できる。プジョルの意見と一致するのも、偶然ではないだろう。事実、プロサッカー選手のほとんどは同じように考えている。競争心がなければ、成功はない。サッカーはゲームであり、楽しむことがまず大事だ。同時に、勝つために全力を尽くさなければならない。とても簡単なことだ。育成と勝利とは、相反するものではない。だから、競争することを教えなければいけない。まずは自分自身と競争することを教え、その次に、対戦相手と競争することを教える。競争することを学んだら、勝つ準備が整ったといえる。

「学業を途中でやめてしまったのは残念だ」

シャビは多くの人と同じように、サッカー界で成功するためには、成長過程での周囲の環境がカギになると認めている。バルサでプレーしているからといって、特別扱いされないことは極めて重要だ。幸い、エルナンデス家では、シャビを特別扱いするようなことはなかった。父・ジョアキムは、シャビが浮かれることなく誠実に生きるように躾けた。シャビ専属の特別ガイドのようだったともいえるだろう。

シャビ「いつも父にいわれた。『友達と出かけるなら気を付けるんだぞ。金曜日より木曜日にしておけ。日曜日には試合だから、最高のコンディションにしておかないとダメだ』ってね」

こうしたアドバイスはいわれてしまえば当たり前のことだが、それでもやはり有難いものである。シャビは失言や暴言で議論を呼んだこともなければ、傲慢な態度で批判の的になったこともない。こういうことは個人の性格によるとはいえ、やはりどんな家族や友だちに囲まれて育ったかということが、大きく左右する。

シャビが唯一後悔していることは、学業を続けることができなかったことだ。ファン・ハール監督がトップチームにシャビを昇格させた際に、学校を退学してしまったのだ。何年か後、彼はこれに対する後悔を口にしている。

シャビ「教養はとても大切だ。今になって振り返ってみると、学業を途中でやめたことや、大学に進学することを考えなかったことを後悔している。今は運良くサッカー選手としていい収入を得ているけど、引退後に何かしなくちゃいけないだろう……。サッカーは大好きで、今とても満喫しているけど、サッカーしか知らないから、引退後もサッカーにずっと関わり続けるしかない。ＩＮＥＦ（国立体育大学）とか、そういう所で勉強してみたかった。引退した時に、潰しがきかないのは失敗だね」

シャビのいうことはもっともである。そして、世界中のすべての指導者たちはシャビと同意見であろう。勉強はいくらしてもやりすぎということはなく、必ずプラスになる。もし大学に行ける可能性があるなら、行った方がいい。未来のことをよく考えるべきだ。「引退後もサッカーにずっと関わり続けるしかない」とシャビは語っている。このテーマを深く考えるうえで、重みを感じる言葉である。バルサの選手として何百万ユーロという高収入を得ていようと、サッカー選手として引退した後も人生は続く。現在、一般的な労働者の引退時期は65歳だが、サッカー選手は30歳前後で引退する。つまり、サッカー選手として引退した後には、労働者としての引退を迎えるまでの30年から35年もの人生が続いていくのだ。

「これからいったい何をすればいいのか……」。引退したサッカー選手は、しばしばこの問題に直面する。現役を退いた後のことは、考えておいて損はないだろう。すべてをサッカーに捧げることには、危険が付きまとう。たとえ秀でた能力を持っている子どもでも、プロ入り前に道が閉ざされることなどいくらでもあるからだ。

シャビ「日々の行動や努力は、才能を持って生まれたかどうかよりも重要だ。と同時に、君の才能に賭けてくれる指導者と出会えるかどうかもカギになる。いくら才能があって努力を積み重ねていても、誰も君の実力を信じてくれなかったらどう仕様もない。

そして、トップチームに昇格し、かつトップチームに定着するには、サッカーに集中し切らないといけない。頑固なくらいでないと。膝に重傷を負った時、また以前と同じようにプレーできるか不安に思った。ファンの一部にひどく批判された時は、とても辛かったけど、あの時の経験は更に強くなるために役立ったし、おかげで今のように認めてもらえるようになった。試合の前にいつも感じるある種の不安を感じなくなったら、きっと引退する時が来た合図なんだろうね」

「ルイス・アラゴネスはいつもいっていた。『努力すればするほど、幸運がやって来る』。全くその通りだ」

バルサのカンテラでは、カデッテ（14～15歳）からフベニール（16～18歳）のカテゴリーに上がる際に、更に厳しいふるいにかけられる。ここを無事に通過しフベニールに昇格した場合、プロへの道を進む選手にはもう一つの重大な試験が待っている。サッカーをプレーして生計を立てられると分かった瞬間や、プレーすることへの対価として報酬をもらい始めた時、あるいは最初の契約を結んだ時……。こういう瞬間は、とても危険なものだ。プロの世界にたどり着いた時こそ、今まで以上に努力を継続しなければいけないのに、ホッとしてしまい、「ついにやった……」と思い、努力することをやめてしまう選手がいるからだ。プロになることはもちろん難しいが、もっと難しいのは、努力を継続しプロの世界に居続けることなのである。

シャビ「監督が信頼を寄せてくれることと同時に、運も少しなくちゃダメだ。そして、運は探すものだ。偉大なルイス・アラゴネス（2004〜2008年、スペイン代表監督）の名言を僕は今も胸に仕舞っている。『努力すればするほど、幸運がやって来る』という言葉だ。この言葉は、まさに真実の言葉さ。ルイスとジョゼップ（・グアルディオラ）の2人は、僕が教えを受けたなかで最高の監督だね。選手に大きな信頼を寄せ、プレッシャーを取り除いてくれる。サッカー選手の心理をよく知っているんだ」

アンドレス・イニエスタ
（フエンテアルビーリャ出身、1984年生まれ）

素朴で謙虚。彼を表現するには、この二つの言葉がぴったりだ。アンドレス・イニエスタは間違いなく、現在世界で5本の指に入る最高レベルの選手なのに、彼の態度は昔から全く変わらない。イニエスタを悪くいうことのできる人は誰ひとりとしていない。彼の行動は人間味に溢れ、その人間味がサッカー選手としての彼を後押ししている。バルサのトップチームに昇格したいと願う若者たち、また既にバルサのトップチームにいる選手たちにとっても、イニエスタはまさに鑑と呼ぶに相応しい人物だ。

「父にバルサに入りたいかと訊ねられた時、僕は嫌だといった。フエンテアルビーリャを離れたくなかったんだ」

子どもの頃から現在に至るまで、イニエスタが成し遂げた躍進は、実に衝撃的だ。アルバセーテ県にある人口2千人足らずの小さな村、フエンテアルビーリャからサッカー界の世界的なスターへ。映画のようなサクセス・ストーリーだが、アンドレス・イニエスタの物語は、正真正銘の現実だ。

フエンテアルビーリャは小さい村だったので、アマチュアサッカー選手の息子だった、イニエスタはフットサルから始めた。

「11人制のサッカーをするには、人数が足りなかったんだよ」。動きが良かった彼は8歳の時、県内の強豪クラブ、アルバセーテ・バロンピエに招かれる。

「いつもボールと一緒だった。あの頃はとても楽しくて、練習のある日は最高の気分だったね」と、イニエスタは微笑みながら昔のことを語ってくれた。

イニエスタの人生が変わったのは、彼が12歳の時、1996年のある日のことだ。バルサから彼の家族のもとへと、入団のオファーが届いたのである。アルバセーテのメンバーとして出場した全国大会、ブルネーテ・トーナメントで、イニエスタが脚光を浴びた直後のことだ。

イニエスタ「最初はバルサには行きたくなかったんだ。全くそんな気になれなかった。父にバルサに入りたいかと訊ねられた時、僕は嫌だ、フエンテアルビーリャを離れたくない、お父さんお母さんを村に残していくのは嫌だといったんだ。子どもの僕にとって、バルセロナは遥か彼方だったからね。

でも両親に説得されて、12歳でカンテラの寮に入った。最初の数ヵ月はとても辛くて、人生で最も辛い日々だったよ。故郷が懐かしくて、帰りたくてたまらなかった。両親も辛い日々を過ごしたと思う。でも、みんなに助けてもらって、僕は山を乗り越えることができた。

もし将来僕に息子ができて、息子に僕と同じことが起きたとしたら、僕の両親が僕にしてくれたように、僕も同じように息子を説得するだろうね。バルセロナについた時は、これがリーガ・エスパニョーラでプレーするための第一歩だなんて、思ってもいなかった。リーガ・エスパニョーラでプレーすることをようやく夢見るようになったのは、フベニール（16〜18歳）になってからだ」

時間が経過するにつれて、辛い思いをさせてまで息子をバルサに入団させたイニエスタの家族の決断が間違っていなかったことが明らかになった。思春期の最中、14歳やそれ以上の選手であれば親元を離れることで極度に苦しむことはないであろう。この年齢になれば人格形成も進んでおり、強い意欲が本人にあるので、辛いといえどもすぐに乗り越えられるであろう。

しかし、イニエスタのように年齢がもっと低い場合は、少々話が異なる。子どもはとても苦しむし、両親もとても辛い思いをする。低年齢の選手を獲得する場合、リスクがとても高いゆえに、移籍についてクラブが負う責任も大きい。クラブはリスクをなるべく少なくするために、移籍が選手へ及ぼす影響、実家からの距離、家族環境や社会環境などを入念に調査する必要がある。そして、生活に慣れてサッカーを心から楽しむことができるよう、ケアしてあげなければならない。喜びがなければ、サッカー選手は成長しないのだから。

「バルサのカンテラでは、とても小さい頃から勝つことが当たり前で、それが体に染み付いている」

入団当初の苦しみをラ・マシア（ＦＣバルセロナの選手寮）の仲間やカンテラの指導者たちのサポートで乗り越えると、イニエスタはサッカーの才能を伸ばし、ずっと抱いていたプロ選手になりたいという想いを強めていく。長い伝統を持ち、あらゆるカテゴリーで、あらゆる試合で、あらゆる大会で必ず勝つことを義務づけられている名門クラブでプレーすることは、彼にとってとても気分の良いものだった。

イニエスタは成長すると同時に、チームメイトと一緒に勝利を手にする喜びを味わい続けた。勝利を糧としながら成長し、成長することによって次の勝利をつかむ。そう、勝利は育成の一部であるのと同時に、きちんと育成していれば勝利は訪れるものだ。

イニエスタ「バルサのカンテラでは、親善試合を含めたすべての試合に、とにかく勝ち続けることが義務付けられている。だから、小さい頃からバルサのカンテラでプレーしていると、勝つことが習慣化し、常に勝ちにこだわることが当たり前になり、勝者のメンタリティーが身に付いてくる。トップチームに昇格する際に、既にこの勝者のメンタリティーを身に付けていれば、それは大きなプラスになる」

「バルサのトップチームに上がれるのは、才能のある選手よりも努力して伸びた選手の方が多い」

バルサのカンテラでプレーする少年たちが、みんなトップチームに上がれるわけではない。現実には、大多数はトップチームでデビューできずに去っていく。選ばれし選手とそうではない選手の差はいったい何なのだろうか。様々な理由が考えられる。サッカーが上達しない者、女の子や夜遊びに道を踏み外す者、自信過剰で練習など必要ないと思う者、才能だけでやっていけると勘違いする者、重いケガを負った者、プロになるために必要不可欠な「運」に恵まれなかった者……その理由は様々だ。

イニエスタ「努力、規律、継続は、トップチームに上がるために必要不可欠な価値観だ。日々の努力は、きちんと報われるものだ。バルサのトップチームに上がれるのは、才能のある選手よりも努力して伸びた選手の方が多い。すべての練習で努力しなくてはいけない。練習中に『もっと頑張れ』と指導者にいわれたことは、僕は一度もないよ」

アルベルト・ベナイジェスは、イニエスタと最も長く過ごした指導者の1人である。イニエスタがカンテラの選手寮に入った時、ベナイジェスはイニエスタにとって第二の父親のような存在になった。長い時間を一緒に過ごし、一緒に映画に行き、練習に付き添い、ベナイジェスは育成年代の指導者のお手本のように彼に接した。人格を尊重し、選手をよく理解しようと努めたのである。

多くの一流選手たちはベナイジェスのような育成担当者や指導者のサポートのおかげで、今の地位にまでたどり着くことができた。だから、サッカーをしている少年の親が指導者に対して、「息子の出場時間が短い」とか「本来のポジションで起用されていない」といった苦情をいうのはナンセンスなのである。それよりも先に、指導者が我が子に対して何をしてくれているのかを考えた方がいい。子どもの前で指導者を軽視したような言動をとることなど、もってのほかである。育成年代では、指導者は育成の柱となるのだから。

イニエスタ「若い選手にとって、周囲の人々の言葉は最も強い影響を与える。子どもの頃からずっと、お前が一番だとか、完璧だとか、そういうことばかりいうのは逆効果だ。そういうやり方はいけない。幸い、僕のまわりにいた大人はもともと謙虚で、『努力しなければ何も成し遂げられない』と、いつも僕に教えてくれた。父のアドバイスにはいつもしっかり耳を傾けていたし、時には指導者のアドバイスよりも父のアドバイスを当てにしていたこともあった。でも父はいつも、『監督のいうことをよく聞くんだぞ』と僕にいっていた。

僕にとって家族は何より大事で、家族全員がまた一緒に暮らせるようになるために一生懸命頑張った。12歳でバルサに入った時からずっと、家族にバルセロナへ来てもらい、失った時間を取り戻したいと願い続けていたんだ。妹にはバルセロナで学校に行ってほしかったし、母がバル（スペイン風喫茶店）で働かなくてもいいように、父がレンガ職人の仕事を辞めてもいいようにしたかった。みんな僕のそばに来て、僕と一緒に人生を楽しんでもらいたかった。何年か前に、この目標をやっと達成できたことを誇りに思っているよ。この願いが、ずっと僕の原動力になっていたんだ」

「チーム内で大切なのは『敬意』だ。友情よりずっと大切なことだ」

プロサッカー選手にとって、チームメイトたちは第二の家族同然だ。イニエスタが初めてカンプ・ノウにあるトップチームのロッカールームに入ったのは２００1年のこと。ここで彼は、グアルディオラ、ルイス・エンリケ、リバウド、セルジらと出会うのである。

彼らに温かく迎えられたイニエスタは、エリートのロッカールームに存在する様々な不文律を学んだ。その時の経験は、カンテラからトップチームへと上がってくる若い選手たちを迎える側になった今のイニエスタにとって、とても参考になっている。

イニエスタ「チーム内で大切なのは『敬意』だ。友情よりずっと大切なことだよ。どんなに仲良くなったとしても、チームメイトの間には必ず敬意がなくてはいけない。そうじゃないと、集団が機能して勝利することはできないからだ。

例えば、僕が今のように出場機会に恵まれていなかった頃、僕はピッチに出ていくチームメイトたちの背中を見ながら、僕の方が調子がいいのにと思っていた。でも、チームメイトへの敬意から口を噤《つぐ》んで何もいわなかった。チームメイトに対する敬意、礼儀、仲間意識からね。こういう価値感の大切さを若い時に教わり、その教えをずっと守ってきたから、今の僕があるんだと思う」

イニエスタの話しぶりを聞いた者は、誰でも同じような印象を受ける。素直で穏やか、謙虚で控えめな、生まれつきサッカーの神に愛された青年――。人気や名声に溺れることもない。ゴールやアシストを決める瞬間の自然体のイニエスタのように、彼は人気や名声を自然体で受け流している。イニエスタはいう。

「有名なサッカー選手じゃなかったとしても、僕の日々の生活は全く変わらないだろう」

イニエスタと私は、同じ危険を共有している。それは満たされてしまった時に訪れるモチベーションの低下という危険である。天にも昇る経験をした後に、燃え尽きてしまい「これからどうしよう……」という問いかけに陥る可能性は誰もが持っている。

イニエスタ「今のところそれはないよ。けど、頂点に立つよりも、そこにとどまっている方がずっと難しいということは分かっている。僕の望みは毎シーズン、より良いサッカー選手になることだから、引退するまでは『これからどうしよう……』と考えないように心がけるよ」

リオネル・メッシ
（アルゼンチンのロサリオ出身、1987年生まれ）

彼は「王冠に輝く宝石」だ。世界最高の選手がバルサでプレーしている、しかも彼がFCバルセロナのカンテラで育ったということは、我々にとって物凄い幸運である。「メッシの物語」は世界中に知られている。リオネル・メッシは13歳の時（2000年）、家族と一緒にバルセロナにやって来た。彼は10歳の頃に発覚した成長ホルモンの分泌異常が原因で、ホルモン投与などの治療を行わなければ、これ以上身長が伸びないと医者から宣告されていた。アルゼンチンのクラブは治療費の問題から、どこも彼を引き受けようとしなかった。

FCバルセロナの指導者たちは、カルレス・レシャックを筆頭にメッシの才能を直ちに見抜き、クラブは家族揃ってのバルセロナへの移住を条件に、必要な治療費用を負担した。メッシがバルセロナの地を踏んだ時、彼の身長は143センチだったという。

メッシとバルサが収めた成功への道筋は、この信頼関係から始まったのである。メッシはピッチ上では押しが強く天才的なプレーを見せるのに、普段着になるととても恥ずかしがり屋で、しかしどんな時でも素朴で謙虚な好青年だ。サッカーの話をするのはもちろん好きだが、それ以上に、プレーしている時が何よりも幸せなのだという。

「僕はいつも負けず嫌いなんだ。どんなことでも負けるのは好きじゃない」

メッシ「ボールを蹴り始めたのはとても幼い頃（3～4歳）で、ロサリオで僕が住んでいた、ラ・バハーダ地区だった。最初に入ったチームはグランドーリで、兄たちもここに入っていたんだけど、6歳か7歳の時に僕はニューウェルス・オールドボーイズに入った。いつも父と僕の試合についてあれこれ話していたよ、特に僕が悪いプレーをした時にね。いいプレーをした時は、父はほとんど何もいわなかったよ。兄たちや従兄たちと、ストリートサッカーもよくやった。みんな年上だったから頑張っても敵わなくて、いつも最後には泣いていたよ。2人の兄、ロドリゴとマティアスとは、しょっちゅう喧嘩をしてた。僕はずっと負けず嫌いで、それはサッカーだけじゃなかった。どんなことでも負けるのは好きじゃないんだ」

メッシが幼年期に送ったサッカー人生は、成長ホルモンの問題を除いて、本書に登場するほかの名選手たちと多くの点で共通している。天賦の才能と強い精神力、ボールと戯れ続けた幼少期、あふれる闘争心——。メッシの場合、ここに年上の子どもたちを相手にプレーしていたストリートサッカーで培ってきた経験が加わる。こうした条件のすべては、育成年代の子どもたちが必要とする能力を鍛えるのに追い風になる。

メッシの家族はバルセロナへの移住という運命の一歩を踏み出すことになった。FCバルセロナの下部組織（カンテラ）で、自身の類稀なテクニックをチームプレーに活かすために、メッシはチームプレーの感覚を身に付けるよう教育された。まさに「バルサ印」とも呼べるパスサッカーを習得したことにより、メッシは16歳という若さでトップチームへと登りつめ、その後、バルサ仕込みのサッカーで観客を魅了していくのである。

「アルゼンチンを離れるのは辛かった。戻ろうかどうしようか、迷った時もあった」

メッシ「アルゼンチンを離れるのは辛かった。特に、最初のうちはね。僕らにとっては何もかもが未知のものばかりで、アルゼンチンに戻ろうかどうしようか、迷った時さえあった。兄たちは結局慣れることができなくて、妹も行ったり来たりだった。でも、父が『お前に任せるよ』といってくれた時、僕はバルセロナに残ることに決めた。家族の支えを頼りに、バルセロナに残ることを選んだんだ。

サッカーをすること以外に、考えられなかったからね。もちろん、簡単なことじゃなかった。1年目は、いきなり登録の問題でつまづいて、更にその直後にケガをしてしまったので、ほとんど出場できなかった。でも幸い、その後はずっと順調だったね。ピケ、セスク、ビクトル・バスケスみたいな仲間たちとも、スムーズにプレーできるようになっていった。その頃、3-4-3のシステムでプレーしていて、僕はトップ下（メディアプンタ）だったのを覚えている」

メッシとバルサにとって、またサッカー界全体にとっても、幸いなことに彼の下した決断は正しかった。身体は小さかったが、才能と情熱でこのハンディキャップを順調に乗り越えていった。

この頃の年齢だと、身長の低い選手は過酷な競争を強いられることになる。だからこそ、下部組織の指導者は体格に目を奪われて才能を見落とさないよう、充分に注意しなければならない。年齢の割に体の小さい子どもを見て、その才能を過小評価するようなことがあってはいけないのだ。

とはいえ、サッカーがスポーツである以上、一流のチームでプレーするにはフィジカルにも高いレベルが求められる。そのなかでも、最も重要なのはスピードだ。メッシがほかの選手に差をつけたのは、ずばりスピードだった。メッシの素早いドリブルは、達人の域にあるといっていい。スピードとテクニックのバランスのとれたコンビネーションによって、メッシはバルサでプレーして間もなく頭角を現した。

メッシ「身体が小さいことは、僕はまったく気にしていなかったね。学校でも、サッカーチームでも、どこでも僕は一番小さかったけど、僕にとってはどうでもいいことだった。年上の人たちは『小さすぎるからプロになるのは難しいぞ』と口々にいっていたけど、僕は気にしたことはなかったよ」

ここにメッシの成功のカギがある。メッシは、サッカー選手としての類稀な才能を持っていただけではなく、強靭な精神力を兼ね備えていたからこそ、今いる位置まで登りつめたのだ。サッカーという複雑なスポーツで成功したいという欲求と決意は、母や兄妹との別居のような辛い出来事を乗り越える原動力になった。このメンタリティーによって、彼は世界から手本にされる選手にまで成長した。

勝者のメンタリティーを持つメッシは、常に自分に厳しく、試合がパッとしなければどっぷりと落ち込む。こうしてメッシは自分自身を常に磨き、日々レベルアップしているのである。そのためにも、彼が持っているような強靭な精神力は必要だ。

メッシ「勝つことはいつも大事だけど、下部組織、もっと具体的にいうとバルサの下部組織については、選手の育成を重視しながら、選手が成長し学ぶようにケアしなければいけないね。でも、僕の意見としては、試合に勝ちながらそれができるなら、きっとその方がいいと思う」

「家族はとても大切だ。僕が何か間違いを犯すと、家族が僕に気付かせてくれるんだ」

メッシ「1人のサッカー選手として、そしてチームの一員として数々のタイトルを獲得し成功を収めたからといって、僕は何も変わっていない。今までと同じ人間であるよう心がけているし、今までと同じことをして、普通の生活を送ろうと心がけている。それを実現するために大事なのは、ハッキリとした考えを持つこと、常に努力する意欲を保つこと、経歴を傷つけるようなことをしないことだ。

もちろん、これには家族の協力が必要だ。両親、兄妹、叔父、叔母、従兄たち……。みんな、いつも僕にアドバイスしてくれる。僕にとって家族はとても大切だ。僕が何か間違いを犯すと、家族がそれを気付かせてくれるんだ」

外国またはほかの文化圏から16歳未満の選手を加入させる時、受け入れるクラブには特別な配慮が必要になる。故郷を離れ、家族や慣れ親しんだ社会環境から切り離された選手をクラブは注意深くケアしなくてはならない。

クラブはサッカー選手としてだけでなく選手の総合的な育成に大きな責任がある。このため、入団の時点で子どもの個性をよく見極めておかなければならない。メッシの場合は、そういう意味では少し特殊ではあるが、持ち前の強い精神力を発揮し、色々なことを犠牲にしながら、プロ選手になるという夢を叶えようと努力を日々続けたのである。

「到達することよりもとどまり続ける方が難しい」

メッシ「到達するよりもとどまり続ける方が難しい。トップチームに上がるためには、献身的に努力し、あとは少しの幸運に恵まれることだ。でも、頂点にとどまり続けるためには、ずっと地に足をつけていなければならないから、実はもっと難しい。頂上に登ったら、足を踏み外す可能性が常につきまとう。

ナンバーワンになるプレッシャー？　そんなのないよ。だって僕はただサッカーを楽しみ、上達するために必要なことをやっているだけだからね。1番か2番かなんて気にしたことはない。ただ自分とチームのためにいいプレーをすることを心がけるだけだよ」

世界一のプレイヤーという称号は、実はとても曖昧なものだ。というのも、世界一のプレイヤーの選考には、もちろん選手個人の実力も影響するが、それ以外にも、所属するチーム、チームが手にしたタイトルの数……そういったほかの要素も影響するからだ。しかも、個人スポーツではなくチームスポーツにおいて世界一の選手をたった1人だけ選ぶというのはナンセンスだ。

チームスポーツという分野で世界一の選手になることは、時としてトラブルの種にもなる。ナンバー1だと人々から認められることによって、選手自身が達成感を味わい、時として新たな挑戦をやめてしまうからだ。

だが、メッシの場合は違う。人は誰でも「僕は人々に認められている」「人々は僕の努力を評価してくれている」と実感したいものだろうが、メッシはここ数年、チームが機能しなければ自分も機能しないということをピッチ上で痛いほど味わってきたため、個人タイトルを気にすることなく、メッシはチームのためにプレーし、チームはメッシのためにプレーし続けているのだ。

メッシ「プロサッカーチームのロッカールームの雰囲気をひと言で言い表すのは簡単じゃない。みんなが仲間と上手くやっていこうとする、いわば家族のようなものだ。チームであることを意識し、週末の試合が上手く行くように、互いに助け合うことは大事なことだよ。僕たちには全員共通の目標があり、その目標を達成するためのカギは、ロッカールームのなかの団結心だ。

僕がトップチームに上がって、初めてロッカールームに入った時には、色んな気持ちが入り交っていた。不安、喜び、緊張……。でも、運良く僕を助けてくれる人たちに出会ったんだ」

「夢はワールドカップ優勝」

メッシ「子どもの頃、僕の夢は1部リーグでプレーすることだった。アルゼンチンに住んでいた頃はアルゼンチンの1部リーグでプレーしたいと思っていて、スペインに来てからはバルサでデビューしたいと願っていた。

もうその夢は叶ったから、今の夢はワールドカップで優勝することだね。世界中の誰もが世界チャンピオンになりたいと思っているだろうけど、僕たちアルゼンチン人には特にその気持ちが強い。それだけ、僕らにとってサッカーの存在が大きいんだ」

ティエリ・アンリ
（フランスのレ・ジュリス出身、１９７７年生まれ）

さて、ここまではバルサのカンテラから世界的な一流選手になった3人について書いてきたが、この辺りでカンテラ出身ではない選手のことにも触れてみよう。

アンリもやはりバルサの選手だが（原著出版当時はＦＣバルセロナ所属。２０１０年夏に、アメリカのレッド・ブルズに移籍）、出身地はフランスである。彼はパリ南西にあるレ・ジュリスという街で育った。レ・ジュリスは大きな街区に集合住宅が並ぶ大都市近郊の典型的な地域で、住民は下層労働者階級を中心に移民の割合が高く、必ずしも裕福な地域とはいえない。

そのため、アンリはフランス代表やアーセナル、バルサで誰もが称賛するタイトルをいくつも獲得するために、多大な努力を重ねなければならなかった。フランス代表をワールドカップ１９９８とユーロ２０００（欧州選手権）の優勝に導いたアンリの功績は、今でもフランスで高く評価されている。

アンリは最短距離で世界的な一流選手の地位にまで登り詰めた。ジェントルマン（紳士）と呼ぶに相応しく礼儀正しい彼は、感受性が強くて思慮深い。彼とサッカーについて話ができたことは私とって幸運であり、喜びである。

「僕がサッカーを好きになったのは、父が喜んでくれるからだった」

なぜ子どもはボールで遊び始めるのだろうか。なぜ多くの子どもは丸い物に心を引き付けられ、蹴ってみたくなるのだろうか。

答えは明白。それが楽しいからである。

人間は幼い頃から遊びを楽しまずにはいられない。誰でも手近にあるボールを蹴ってしまう。

ただし、身体が成長してきた時に、実際にやりたいスポーツを選ぶとなると話は別だ。もちろん、この選択には親の影響が大きい。息子は父親が好きなスポーツをする傾向にある。そうすれば、父親が喜んでくれると知っているからだ。子どもは父親に誇らしく思われたいものである。このため、無意識であっても、父親の好きなスポーツに興味を持って父親を喜ばせようとするものだ。

こういう場合、父親は息子の選択を褒めてやらなくてはならないが、あまり口出しをしないよう心がけた方がいい。頑張った時には、ご褒美をあげることを忘れないようにしながら。しかし、ここでいうご褒美とは決してテレビゲームやお小遣いのことではない。笑顔のことだ。親が笑いかけてあげることが、子どもにとっての最高のご褒美なのだ。

アンリ「父のおかげでサッカーを始めた。日曜の午前中は、サッカーをするために一緒に地区の空き地に行った。そして面白いことに、僕より父の方が楽しそうだったのを覚えている。僕にとっては単なる『ボール蹴り』だったけど、父は僕と一緒にボールを蹴る時間をこちらがビックリするくらい楽しんでいたんだ。僕にとっては、それが一番大事だったよ。僕がサッカーを好きになったのは、父が喜んでくれるからだった。あれは5、6歳の頃だったと思う」

アンリが育ったのは、子育てには必ずしも環境がいいとはいえない地区だった。だがアンリは、それを気にはしてはいない。それどころか、生まれ変わっても、もう一度あそこで暮らしたいという。そこで人格を確立し、サッカー選手としての基礎を作り、サッカー選手としての成功の道をスタートしたからだ。

アンリ「あそこでは、小さい頃から様々な戦いを強いられる。ほかの地域ならば、大人になるまでは向き合わなくてもいい戦いだ」

こうした地域の子どもたちは、ほかの地域の子どもたちよりも早く思春期へと突入していく。そして、心の成長が追いつく前に、色々なことを身に付けていってしまう。周囲の大人がしっかりと手を差しのべてあげなければ、あっという間に道を踏み外してしまうだろう。

アンリ「僕はとても貧しい地区で育ち、生活は過酷だった。にもかかわらず、両親は僕のことをきちんと育ててくれた。2人がいなかったら、僕はここまで来れなかっただろう。礼儀や敬意、人から学ぶことの大切さなど、人生を歩むうえで大切な価値観を僕に教えてくれたのは両親だった。人と接する時には、相手がどんな人なのかを理解することが欠かせない。みんな理解などしようともせずに、他人にレッテルを貼りたがるけど、僕はそういうことをしないように心がけている。両親がそう教えてくれたからね」

「ストリートサッカーでは自然にサッカーが上手くなる」

サッカーに関していえば、アンリは世界最高のサッカー学校を卒業した。「ストリートサッカー」だ。ストリートサッカーには、ルールもなく、時間制限もなく、様々な年代が入り混じり、大きな相手に対して体格は不利で、施設もない……。そこがサッカーの面白いところで、ボールが一つあればどこでもできてしまう。だから、世界中で最も人気のあるスポーツとなったのだ。

アンリ「ストリートサッカーでは、自然にサッカーが上手くなる。誰も教えてはくれない。ボールを蹴りながら、自分で工夫するしかない。ストリートサッカーで育つと、プレースタイルに特徴が出る。ストリートでサッカーを覚えたプレイヤーには、独特の雰囲気があるからね。

僕は当時、とてもスピードがあったから、地区のストリートで年上の人たちとプレーしていた。兄は僕より7歳年上だったけど、僕はそこに混ざりたくてたまらなかった。体格で劣っている僕が7歳も年上の彼らに混ざってプレーする時、ボールに少しでも触りたかったら、ものすごく賢くプレーしなければいけなかった。あそこでは、本当にたくさんのことを学んだよ」

現代サッカーで活躍するために必須とされているのは、テクニックとスピードだ。そのことを、アンリはプロの世界で次々と証明していった。ASモナコに加入し、17歳でフランスリーグにデビューして以来、テクニックとスピードを組み合わせると無敵だということを立証し続けたのだ。

アーセナルでは嫌というほどゴールを量産し、バルサでは1シーズン目を終えてチームに適応すると（とはいえ、1年目も19ゴールと多くのアシストを記録）、2シーズン目にはスペインのサッカー史に残る三冠（リーガ・エスパニョーラ、UEFAチャンピオンズリーグ、スペイン国王杯）に大きく貢献した。アンリのサッカー選手としての基礎はレ・ジュリス地区のストリートで身に付けたものだ。もちろん、ストリートサッカーで育った子どもたちが全員プロ選手になれるわけではないが、やはりストリートサッカーがプロ選手への最短距離であることは間違いない。

ストリートサッカーをするということは、時間を忘れて何時間もボールとともにプレーしていることを意味する。プレーし続けることで、俊敏な動きと頭のキレが身に付く。めまぐるしく変わる目の前の状況に対して、素早く判断を下し続けなければならないからだ。

3対3で遊んでいて、もう1人友だちが来たら、突然ルールが変わり4対3になる。即席のサッカーコートでは石が転がっていたり、穴が空いていたりすることもよくある。仲間や相手の方が体格で勝っていることも多々あるだろう。

ストリートでは、みんながみんなとプレーする。年齢別のカテゴリーはない。蹴られたり押されたりしないためには、素早く立ち回り、巧みにゴールを決めなくてはならない。

近年バルサのカンテラにも多くのアフリカ系の少年たちが入団してくる。彼らに共通するのは、体格に優れていることに加え、ストリートサッカーで色々と学んできたという点だ。その差は、歴然としている。

「ヨーロッパはスポーツの重要性を理解していない。アメリカでは理解されている」

とはいえ、ストリートサッカーにもデメリットはある。子どもが吸収すべきでない、身に付けるべきではないものを覚えてしまうかもしれないという点だ。それが原因で人生を棒に振ってしまう若者もいる。だから、これには何らかの対処が必要だろう。アンリもまた、このことに問題意識を抱いている1人だ。彼はアメリカのスポーツ哲学に感服しているという。ヨーロッパはアメリカに比べて、スポーツへの認識が浅いというのだ。

アンリ「アメリカのやり方がどれほど優れているか、ヨーロッパではあまり理解されていないね。アメリカではスポーツはとても存在感があるけど、こちらでは週に1時間くらいで充分だと思われている。とんでもない話だよ。子どもたちは朝8時に学校に行き、午後5時に終わると宿題をやらなくてはならないから、ほとんどスポーツをする時間が残ってない。いつサッカーをしろっていうんだい？　この点、アメリカでは教育の中にしっかりスポーツが組み込まれおり、スポーツをする時間が充分確保されている」

このアンリの意見は、とても興味深い。ここヨーロッパでは、スポーツは単に一つの学科としてしか扱われていない。知識の習得とスポーツ活動は、人間教育の2本の柱にすべきだと私は思う。人間は精神と肉体からなる。もし学校で頭を鍛えるのであれば、同じように身体も鍛えるべきではないだろうか。小学校から、もっとスポーツに力を入れるべきだ。健康や栄養についての知識も、集団のなかでのコミュニケーションも、スポーツを通して身に付けることができるからだ。

私たち大人だったら、毎日毎日、何時間も教室の椅子に座りっぱなしで理論的な授業を聞き続けられるだろうか。毎日仕事の後に、家に仕事を持ち帰るだろうか。子どもたちに1日8、9時間の授業をしたうえで、更に宿題を課すというのは正しいことなのだろうか。子どもだった頃、私たちがどんな生活をしていたか、忘れてしまったのだろうか。

子どもたちが良い環境で育って欲しいと願うのであれば、私たちが子どもの頃に欲したように、外で遊ぶ自由な時間をもっと子どもたちに与えてやるべきだと思う。もし家の外が危険なら、それに代わる何か別の形で子どもたちの遊ぶ時間や場所を確保してあげるように私たち大人は努力しているのだろうか。例えば、現行の教育システムにもっとスポーツを取り入れるということについて、もっと議論が交わされるべきであろう。

この問題については、アンリ自身が誰よりもよく知っているはずだ。ストリートサッカーで鍛えられた彼は幸運なことに、フランスサッカー協会が直轄する、権威あるサッカースクール、クレールフォンテーヌ・ナショナルトレーニングセンター（※）に13歳の時に入ることになったからだ。

（※監訳者注……才能ある若者たちに最高のトレーニングと教育と躾を提供するためにフランスサッカー協会が設立した全寮制のサッカースクール。対象は13歳から15歳。日中は提携している中学校に通い、夕方にフランスサッカー協会の指導者からトレーニングを受け、週末は自宅に帰り所属クラブの試合に出場する。アンリを含め、フランス代表の中心選手の多くが同スクール出身）

アンリ「当時はもう13歳だったし、慣れるのはあまり大変じゃなかったよ。それに、両親がとても厳しかったし、両親に『いつも全力で頑張れ』といつもいわれて鍛えられていたから、クレールフォンテーヌの寮に入ることは苦ではなかった。両親を恋しく思うこともあまりなかった。すごく落ち着いていたよ。普通はホームシックになるものだけど、僕は泣いたり毎日家に電話したりする方じゃなかった。

同スクールで一番重要なのは権威だった。クレールフォンテーヌ出身の選手たちが、ビッグクラブやフランス代表で活躍するようになるのが大事だった。

勝つこと？　ああ、勝つことができるなら勝たなきゃいけない。でも、クレールフォンテーヌの最大の目標は、最高のサッカー選手を育成することだった。例えば、僕はクレールフォンテーヌで厳しい指導のもと、繰り返しボールを使った練習をたくさんしたおかげで、優れたテクニックを身に付けることができ、ASモナコとプロ契約することができた。午前中は勉強して、午後からはトレーニングして、ほかに心配することは何もなかった。土曜日になると、家族に会いに家に帰った」

何年か前、私はクレールフォンテーヌを訪問し、そこで働くとてもプロフェッショナルなスタッフから教えを請うことができた。クレールフォンテーヌではテクニックを優先し、ボールを上手く扱うことを重視して指導していた。才能ある子どもたちを集め、その才能を磨くことを主目的とするという点では、バルサと似た育成哲学を持っていた。アンリはこのような環境で育ったのだった。

このクレールフォンテーヌの大きな特徴の一つは、選手たちが週末には家に帰り、地元の所属クラブで試合に出場することだ。平日、選手たちは勉強とトレーニングをしながら、クレールフォンテーヌの施設内にある選手寮で寝起きをともにする。日頃フランス代表の合宿が行なわれるのは、まさしくこのクレールフォンテーヌの施設である。

「負けるのは嫌いだ。心が痛む」

フランス代表やバルサでプレーする時も、友だちのチームでプレーする時も、アンリは負けるのが嫌いだという。この点は、本書に既に登場したほかの選手たちと全く同じだ。スポーツのプロ選手は、プロらしくとても強い競争心を持っているが、アンリも例に漏れず、強い競争心を持っている。これは一流選手の証といえるであろう。

アンリ「幼い頃から、負けるのは大嫌いだった。負けると心が痛む。全然好きじゃない。子どもの頃、勝てない時はいつも怒っていたよ。友だち相手でも、2対2のミニゲームでも、トランプの勝負でもね。大人になって、人としても成長し、負けを少しは受け入れられるようになったけど、今でも負けた瞬間は昔と同じように悔しい気持ちがこみ上げてくる。僕がこんなに負けず嫌いじゃなかったら、きっとバルサでプレーすることはできなかっただろう」

20歳の時、フランス代表としてワールドカップ・フランス大会で優勝して以来、アンリは世界的なスター選手になった。フランスでは人々の尊敬を集めている。イギリスでも、アーセナルの優勝に貢献したことで評価が高く、今はバルサのサポーターの心もつかんでいる。アンリは、マスメディア全盛のこの時代に名声が意味するものをよく知っている。しかし、アンリはこれを少し大げさすぎると感じているようだ。

アンリ「僕たちは1998年のワールドカップ・フランス大会に優勝したことで、レジオン・ドヌール勲章（フランスの国民栄誉賞）を授与された。とても名誉なことだよ。でもサッカーの大会で優勝したことが、本当にこの栄誉に相応しいのか分からなかった。一生かかって受賞を待ち続ける、軍の功労者だっているんだ。僕らがチャンピオンになって4日後に、この勲章を受け取るなんて……」

「昔からの僕の友だちは、僕をスター扱いしない」

アンリ「サッカービジネスは、大きくなりすぎていると思うよ。昔からの僕の友だちは、僕をスター扱いしない。良い時も悪い時も、僕を特別扱いせずに、ちゃんとアドバイスをくれるんだ。プロのサッカー選手は今、まるでハリウッド俳優みたいにマスコミに扱われている。僕がサッカーを始めた頃はそうじゃなかった。今はマスコミが、選手たちのことを何でも知りたがり、ピッチの外の私生活のことまで知りたがるものだから、窮屈で仕方がない。

確かに僕はサッカーが好きで、運良くここでプレーしてたくさんの報酬をもらうことができている。でも育った地元のチームでプレーしていたとしても、サッカーの楽しみは変わらないよ。僕は今と同じようにプレーしていたと思う」

32歳になり、経験を重ねた彼は、自分の未来を見通している。

アンリ「今、僕はここで充実した日々を過ごしているけど、一番大切なのは健康だ」

プロとしての14年間で、アンリはフランス、イギリス、スペイン各国で数々のタイトルを獲得してきた。フランス代表としてのワールドカップとユーロ2000優勝。バルサの一員として、ローマで勝ち取ったUEFAチャンピオンズリーグ優勝。彼は、プロのチームがどんなものかを実によく理解している。この章を締めくくるに当たって、このテーマに関する彼の哲学を伝えておきたい。

アンリ「プロのチームはトランプで作った城のようなものだ。組み立てるのはとても難しいが、簡単に崩れてしまう。チームにとって一番大切なのは信頼だ。選手全員が試合の後にお互いの目を真っ直ぐ見られること、お互いに信頼し合っていると確認できることが大切だ。そのためには、選手1人ひとりが個人の責任において、自分は集団の一部なんだと実感しなくちゃいけないし、チームメイトにはいつも敬意を払って接するべきだ」

第3章

経験者が語るFCバルセロナの育成論

経験者の声を聞く

人生のあらゆる分野においていえることだが、特に育成の世界では、経験を通して得た知識の持つ価値は大きい。未来を切り開くためにも、経験者の話に耳を傾けるのは、とても大事なことなのだ。これは過去の経験や知識をリサイクルし、新たな勝利や成功へと結び付けていくことでもある。そのため、この章では経験者たちの声を書きとめていきたいと思う。彼らのサッカー選手や指導者としての経験は、これからサッカー選手を目指す子どもたちにとって強い追い風になってくれるはずだ。

アントニ・ラマリエッツ、ラウレアーノ・ルイス、ジョゼップ・マリア・フステー、カルレス・レシャック、キケ・コスタス、アルベルト・ベナイジェス、フリオ・アルベルト、マジーニョ、ギジェルモ・アモール、ロドルフ・ボレイ。彼らには世代こそ違えど、共通点がある。それはサッカーに情熱を注ぎ、バルサを愛し、彼らの経験は耳を傾ける価値があるという共通点である。

アントニ・ラマリエッツ
（バルセロナ出身、1924年生まれ）

経験者の声といえば、バルサ史上最高のゴールキーパーの話は外せない。彼は1947年から1961年にかけて、15シーズンにわたってバルサのゴールを守り、歴史的偉業ともいえる「5冠」を達成したチームの一員だった。クバーラ、セサル、セガーラ、ルイス・スアレスらとプレーし、獲得タイトルはリーガ・エスパニョーラ優勝6回、コパ・デル・ヘネラリシモ（スペイン総統杯。現在のコパ・デル・レイ、即ちスペイン国王杯に当たる）優勝5回を数えた。常に明確な考えを持ち、現役当時と同様に今でも強い個性の持ち主だ。

「当時、私たちはみんな友だちのように仲が良かった。そして、全員がバルサを心から愛していた」

ラマリエッツ「サッカーを始めたのは、父と叔父がサッカーファンだったからだ。2人はいつも私にサミティエールやサモーラの話を聞かせ、サンツやバルサやエウロッパのサッカー場に試合を見に連れていってくれた。エウロッパでプレーしていた時に、サッカーで生計を立てられるかもしれないと考え始めた。小さい頃から太っていて走るのが苦手だったから、ゴールキーパーになった。エウロッパでの年俸は750ペセタだった」

ラマリエッツ「成功したいという強い気持ちが、私をFCバルセロナに導いてくれた。マジョルカ島で兵役についていた1年間、エウロッパからマジョルカ（マジョルカ島にある名門クラブ）へレンタル移籍しプレーしていた。その時の活躍が認められて、バルサが私に興味を持ってくれた。あの時には胸が躍ったよ。サミティエール監督が私を信頼してくれたので、5、6人ほどキーパーがいたけど、私が先発で起用されるようになったんだ」

ラマリエッツ「特に、引退試合は忘れられない。1962年3月6日、カンプ・ノウのスタンドには8万人の観客が入っていた。ハンブルガーSVとの対戦で、私は出場した20分間に何度かいいセーブをした。私が交代する時に試合が一旦中断され、ピッチから出ていく私を、観客たちが大喝采で見送ってくれた。とても感動的だったよ。

一方、最悪の思い出はもちろん、1961年ベルンでのコパ・デ・エウロパ（現在のUEFAチャンピオンズリーグ）決勝戦、ベンフィカに2対3で負けた、有名な『ポストの決勝』だ。我々のシュートは5回もゴールポストに阻まれた。信じられなかったよ。私もチームメイトも、あの日はついてなかった。何をやっても上手く行かず、5、6点差で勝っていたはずの試合を逃したんだ。あの時の腹立たしさのせいで、私の引退が早まったようなものだ」

ラマリエッツ「監督になろうとしたが、性に合わなかった。サラゴサ、ログロニェス、バリャドリードで監督を務め、バリャドリードではリーガ・エスパニョーラの1部で4位の好成績を収めたが（1962〜1963シーズン）、監督業は報われない仕事で、成功はいつもクラブの役員が自分の手柄にしていった。だから監督を辞めて、銀行に勤めることにしたんだ」

ラマリエッツ「ドメネク・バルマニャとエレニオ・エレーラのことは、よく覚えているよ。2人は私にとって最高の監督だった。説明が上手く、選手が集中してプレーするように注意を引きつけることも上手かった。2人とも威厳があり、正確な指示を出すのが上手で、選手からの信頼も厚かった。彼らのことを理解しない人々もいたが、私はいつも2人が選手たちに敬意を払ってくれているのを感じていたよ。

エレーラはサッカーのために生きていて、とても頭が良く知識も豊富だった。彼が持っていたサッカー選手の記録資料は、至宝といってもいいほどのものだよ。彼がインテルに移籍する時、彼は私とルイス・スアレスを一緒にインテル・ミラノに連れて行きたがったが、私はバルサに残ることを選んだ」

ラマリエッツ「当時、私たちはみんな友だちのように仲が良かった。そして、全員がバルサを心から愛していた。今と違って、あの頃の選手は一つのクラブに長く在籍するのが普通だった。私はバルサに15シーズンいたし、セゲールもそうだった。ゴンサルボ三世は13年、ビオスカが10年だった。だから、みんなお互いのことを、長所も欠点も含めてよく分かっていた。私の成功のカギは几帳面なところで、チームメイトは、私『エル・アントニオ』は期待を裏切らないと信じてくれていた」

「勉強すると仲間意識が強まり人の話を聞くようにもなる」

ラマリエッツ「プロサッカー選手の道に進もうと思っている若者には、勉強をやめないよう忠告したい。将来役立つ知識は、学んでおくべきだからね。勉強すると仲間意識が強まり、人の話を聞くようにもなる。どんなスポーツ選手にとっても、勉強はとても大事なことだよ」

ラマリエッツ「グアルディオラが試合前日のホテル宿泊をやめたのは、いい判断だったね。選手たちはきっとグアルディオラに感謝しているだろうし、この判断がきっといい結果に繋がると思う。家庭の安定はサッカー選手にとってとても大事だからね」

ラウレアーノ・ルイス
（サンタンデール出身、1937年生まれ）

私はサンタンデールへ向かった。育成年代の著名な指導者から直接話を聞くためだ。サッカーの指導に携わる我々の間では、ラウレアーノ・ルイスが持つサッカーへの無条件の愛と、学び、教える能力は、大きな影響力を持ち続けている。

ルイスがバルサの下部組織に足跡を残したのは1970年代初めで、テンテ・サンチェスやミゲル・オルモのような選手の育成に携わっていた。またバルサのトップチームでは、ヘネス・バイスバイラー監督のもとでアシスタントコーチを務め（1975-

1976シーズン)、モンタル会長がバイスバイラーを解任すると、後任の監督を務めた。その後、トップチームの世界から姿を消したのは、育成年代の指導に集中するためだ。彼は数年前から、サンタンデールのサッカースクールの校長を務めている。

ルイスのもとには、イバン・デ・ラ・ペーニャやペドロ・ムニティス、イバン・エルゲラなど、彼が育てたプロ選手に続きたいと願う子どもたちがカンタブリア州全土から集まり、同スクールでは700人もの子どもたちがトレーニングに励んでいる。ルイスは彼のサッカースクールの哲学を繰り返し、選手たちに語っている。

ルイス「サッカーが上手くなればなるほど、ますますサッカーを楽しめるようになる。素晴らしいプレーやゴールを実現した時には、幸せを感じることができる。これがトレーニングの最大の目的だ。試合に勝つことではない」

ルイスが働いている姿を直に見れば、サッカーが彼の人生そのものなのだと気付くだろう。そして、彼のエネルギーは選手たちに伝染していく。

「サッカーをきちんと教えられる人材が不足している」

ルイス「サッカーをきちんと教えられる人材が不足している。私は長い間この仕事を通してたくさんのことを学んできたが、今後も学び続けていくだろう。『学び』には決して終わりがない。学べば学ぶほど、知れば知るほど、サッカーをより上手く指導できるようになる。育成年代のエントレナドール（監督、コーチ、指導者の総称）は、まさしくエントレナール（指導すること）が仕事のため、指導者という表現が相応しいし、教師のようなものだ。

一方、大人のチームのエントレナドールは、チームをまとめたり試合のメンバーを決めたりすることが主な仕事だから、監督という表現が相応しい。育成年代のエントレナドールである私たちは、子どもたちを教え育てる教師なんだ」

ルイス「プロのサッカー選手の多くが引退後に大人のチームの監督としてサッカーに関わり続けることを希望するのは、とても残念だ。育成年代のサッカーには資金がないのは知っているが、こうした元プロ選手が子どもたちの指導に携わり、彼らの素晴らしい経験や知識を子どもたちとシェアできるようにサッカー協会は何か手を打つべきだ。

育成年代では、きちんとサッカーを教えられる人材が圧倒的に不足している。なぜだか分かるかい？　それは、サッカー文化がまだ成熟しておらず、育成年代の指導者の重要性も最近になってやっと認識し始められたばかりだからだ」

ルイス「良い選手はどこにでもいるが、選手にきちんと教えることのできる人材は不足している。また、若い選手たちにチャンスを与える、グアルディオラのような人物も必要だ。現在のバルサの監督がグアルディオラでなかったとしたら、彼がトップチームに昇格させたカンテラ育ちの若手選手のうちの何人かは、きっとトップチームに上がれなかっただろうからね。

リーガ・エスパニョーラの1部所属の、カンテラに力を入れている某クラブの話をしよう。役員会はトップチームの監督に対して、カンテラの若い選手たちを積極的に起用するようにアドバイスをしたが、監督は『将来的にいい選手になる可能性があるとはいえ、今トップチームで若い選手を起用したら試合に負けてしまう。そして試合に負け続ければ、あなたたちは私をクビにするんだろ。そんなのはゴメンだ。若い選手は使わない』と答えたんだ。そうしたら、役員は『いう通りにしないとクビだぞ』と迫ったんだ。結果、監督はクビになったんだ」

「勝つことは大切だ。でも一番ではない」

ルイス「勝つことは大切だが、一番大切なわけではない。例えば、君と私が10歳から12歳の子どものチームをそれぞれ指導するとしよう。だいたい同じようなレベルの子どもたちだ。君はサッカーが上手くなるように、パス練習をしたり戦術の原理原則を教えたりするが、私はアル・パタドン（ロングキック）で、ボールを相手のゴール前に放り込みゴールにシュートするように指示する。間違いなく、君のチームのミスを利用して、私のチームがいつも勝つだろう。君のチームの1本のパスミスを、私のチームがカットしてゴール。その繰り返しだ。

しかし、2つのチームが3年間同じようにプレーを続けたら——その間に君が監督を解任される可能性があるが（笑）——3年後、必ずや君のチームがいつも勝つようになっているはずだ。君のチームはサッカーを学び、私のチームはさっぱりだからね。サッカーの指導の価値とは、そういう単純なことなんだよ」

ルイス「いいプレーを目指すか、それとも勝ちを目指すか。そんな質問自体がナンセンスなんだ。いいプレーをすれば、試合に勝つ可能性は高まるけど、いいプレーをすればいつも勝てるわけではない。だって、試合には対戦相手が付き物だからね。対戦相手のレベルによっては、いいプレーをしたからといって勝てるわけではない。負けることもある。例えば、ちょっと前に我々のサッカースクールのチームがずっと格上のラシン・デ・サンタンデールと対戦した。うちの選手たちはチームとしてまとまり、いいプレーをしていたが、後半終了直前に失点してしまい試合に負けてしまった。

普段なら試合後のロッカールームには入らないことにしているんだが、その日ばかりは子どもたちの素晴らしいプレーを褒めるためにロッカールームに行ったんだ。ロッカールームに入るとみんな泣いて悔しがっていた。だからいったんだ。『お前たちは負けてなんかいない。これだけの意欲を持って全力を出し尽くしたら、決して負けとはいわない』と」

「今の子どもたちに足りないのは、自己犠牲の精神と克己心だ」

ルイス「今の子どもたちに足りないのは、自己犠牲の精神と克己心だ。子どもたちは、何でも与えられることに慣れすぎているんだ。速く飛んでくるボールが体にぶつかることを怖がる選手さえいる。何年か前からこんな状況が続いており、これは危惧すべき状況だ。

努力する気持ちの大切さを理解するのに、丁度いいエピソードを紹介しよう。以前、バルセロナのスポーツ審議会で働いていた頃、エスコラピオス（カトリック系の学校）でサッカーのテストをしたことがあった。みんなレベルは様々で、上手い子もいれば下手な子もいた。でも一番インパクトがあったのは、セッションが終わった後に1人残って壁に熱心にボールを蹴り続ける少年だった。何をしているのかと少年に訊ねると、少年は父親が迎えに来るのを待っているんだと答えた。

学校の指導者たちにその少年のことを訊くと、下手ではないが、見込みはないという答えだった。そんなはずはないだろう、と私はいった。1人っきりでもあんなに意欲を持ってボールを蹴っているのだから、上手くなるに決まっている。少年は、その後もプロ選手になるという夢のために努力し続け、そしてとうとう夢を実現させた。少年の名前は、アルベルト・フェレール。クライフ監督率いるドリームチームの不動の右サイドバックを務めた、あのフェレールさ」

ルイス「選手を育成するならば、たくさんのポジションを試してみることだ。バルサとサラゴサでプレーしたサルバ（サルバ・ガルシア）がいい例だろう。サン・ガブリエル（選手育成に定評のあるバルセロナのクラブチーム）からバルサへ移籍したのは、彼がフベニール（16〜18歳）の時だった。プレーの質が良かったので、バルサ・アトレティック

（バルサのサテライトチーム）に昇格させた。

サルバにとって理想のポジションはどこか、バルサ・アトレティックの監督と議論した。監督は、まだ中盤でプレーするにはフィジカルが足りないからディフェンスがいいだろうといった。私は、最終的にはディフェンスになるだろうが、今はミッドフィールダーでプレーした方が色々と学べていいんじゃないかといった。トップチームに上がる時にその経験がきっと活きるはずだってね。私が正しかったことは、彼がトップチームに昇格して証明してくれたよ。

私はいつも、選手が将来もっとレベルの高いプレーができるように、本来のポジションよりも一つ前のポジションで選手たちに経験を積ませるようにしているんだ」

ルイス「サッカー少年に対する親の影響に初めて気付いたのは、ある日、私のチームの1人の選手が私の指示を無視して父親の指示に従っていることに気付いた時だった。練習で何度もパス練習をしているはずなのに、試合になると練習通りにしないんだ。

最初は、チームに加わったばかりだからまだ馴染んでいないんだと思った。でもその後、父親の指示で特定のチームメイトにパスをしないようにしていることに気付いたんだ。理由は分からない。父親同士の仲が悪かったのかもしれないね。

私は彼の父親と話し合って解決したが、その時に親の影響に気付いた。練習の時に口を出してくる親もいる。でも、指導者にいつも協力してくれる親がいるのも事実だ。親が子どもの支えになることもあれば、有害になることもある。私が子どもの頃には親が練習を見に来たりしなかったものだが、今や祖父母まで見に来る。問題は、家族は個人的観点からサッカーを見ているのに対し、我々指導者は集団的観点からサッカーを見ているということだ」

「子どもたちを大切にしなければいけないし、しっかりと育成しなければいけない。特に人間として」

ルイス 「子どもたちを大切にしなければいけないし、しっかりと育成しなければいけない。特に人間として。この件に関する興味深いエピソードを紹介しよう。私がバルサと契約した時、フベニールの選手たちに練習以外の時間に何をしているのかを訊ねてみたことがある。すると驚いたことに、みんなから同じ答えが返ってきたんだ。『監督、サッカーをやっています』ってね。

私は大きな責任を感じて、ゾッとしたよ。全員がプロのサッカー選手になるならともかく……彼らの将来はいったいどうなるのか。クラブの役員会と話をして、子どもたちに2つの選択肢から選ばせることにした。働くか、それとも勉強するかだ。私たちはサッカーを教えなくてはならないが、特に、人間としても彼らを育てなくてはならない」

ジョゼップ・マリア・フステー
（リニョーラ出身、1941年生まれ）

アントニ・ラマリエッツと同じように、フステーもまたFCバルセロナの伝説的選手の1人だ。ボージャン・クルキッチ（同じリニョーラ出身、1990年生まれ）が代表デビューするより何年も前に、フステーは「リニョーラの子」と名付けられ、1960年代のバルサでキャプテンを務めた。血統書付きのミッドフィールダーで、力が強く個性豊かなフステーはバルサで12シーズンプレーした（オサスナに2シーズン、レンタル移籍していたこともある）。

バルサで獲ったタイトルはそれほど多くなかったが、1964年のエウロコパ（欧州選手権）では、優勝したスペイン代表の一員としてチームに貢献した。フステーはいつも歯に衣を着せず語ってくれる。

「育成年代では、勝つことよりも負けることを知ることの方が重要だ」

フステー「ある日、リェイダ地域の選抜チームでプレーしていた時、ジョゼップ・ボテーという紳士が私に会いに来た。当時、私は11歳だった。8月中、FCバルセロナがエスパーニャ・インドゥストゥリアルのサッカー場でテストをやっているから参加してみてはどうだろう、と勧めてきたんだ。彼の勧めに従い、私は何度かFCバルセロナのテストを受けに行った。

その後、FCバルセロナが私の獲得を希望していることを私たちに伝えるためにボテー氏が我が家にやって来た。リニョーラとバルセロナはとても離れているため、このオファーを受けた場合は、私はバルセロナに移り住まなくてはいけなかった。初め、父は反対した。まだ幼すぎるし、もっと勉強させたいんだってね。結局、私はあと2年リニョーラに残ることになった。

その2年後、リエイダ（リニョーラ近郊の街）で試合をしていた際に、先方が私のプレーを見に来て、そして改めて私にオファーを提示してきた。今度は、父も同意してくれた。

私はバルサが若い選手のために持っていた、ディプタシオー通り187番のマンションに住むことになった。今のラ・マシア（選手寮）みたいなものだ。バルセロナ市外から来た選手はみんなそこに住んでいた。リェイダやジローナ、タラゴーナから来た選手たちだ。私は13歳から17歳までそこにいたよ」

フステー「最初の数ヵ月はちょっと寂しかった。故郷がとても恋しかった。平日はまだ良かったけど、週末はとても長く感じられたよ。寮にいたチームメイトの多くは、故郷に帰っていってしまった。カルボネイという名前の子が、私と一緒に入った3人のなかで一番上手かったが、彼もやはり我慢できなくなって寮を去っていった。

リニョーラからバルセロナに出てくるというのは、大変なことだったよ。全然馴染めなかったんだ。私は幸い、とてもサッカーが好きだったからホームシックを乗り越えられた。平日は午前中勉強をして、午後がサッカーだった。当時、練習は週に2回しかなかった。週末になると、土曜日の午前中の試合から月曜日まで、果てしなく長く感じられた。トップチームがホームの試合の時は、まだ良かった」

フステー「17歳の時、その年は2部に降格していたオサスナが、私を欲しいといってきた。セルドランとサルバドールという、バルセロナ出身の選手2人と一緒に、私もオサスナに行くことになった。2人はもう25歳で、私はほんの『ひよっこ』だったよ。

オサスナの監督はミケル・グアルというカタルーニャ人だった。田舎の父は、私にこういった。

『よし、チャレンジしてみろ。もし上手く行かなかったら、ここへ戻ってきて、リエイダや、モリエルサ、バラゲール辺りでプレーすればいい』

監督がカタルーニャ人で、バルセロナの選手2人と一緒だったのも、オサスナへのレンタル移籍を後押ししてくれた。だがシーズンの真っ最中に、父が亡くなった。私は家に帰って、2ヵ月間、落ち込んでいた母の側にいた。

やがて少し立ち直ると、母は私に『あなた、これからどうするつもり？』と訊ねた。私の兄弟は既に結婚していたし、家には母ひとりだったから、本音では私に出て行ってほしくなかったんだろう。でも母は気丈で素晴らしい人だったから、サッカー界で仕事を続けるように私を励ましてくれた。私はオサスナに戻ることを決心した。

オサスナではすべてが上手く行った。良いチームで、楽に1部リーグに昇格できたんだ。2年目に入り、1部で6位の成績を収めると、バルサが私を呼び戻すことを決意した」

フステー「オサスナからバルサに戻った時、インテル・ミラノのエレニオ・エレーラ監督が私を獲得したいといってきたが、エンリック・リャウデット（当時のバルサの会長）が許さなかった。当時は、イタリアリーグがヨーロッパ最高のリーグだったから、私は行ってみたいと夢見ていたが、今ではFCバルセロナに残ったことに満足しているよ」

フステー「私はチームのリーダーだった。プレー中も、仲間の選手たちは私を頼りにしてくれた。そうなるには、二つの条件が必要になる。一つは誰よりもボールを上手く扱えること、もう一つはチームを引っ張るメンタリティーを持っていることだ。

例えば、現役時代のグアルディオラは、チームのリーダーだった。最近はシャビがそうだ。普通、チームの真ん中や後方でプレーする選手、つまりはミッドフィールダーやディフェンスやゴールキーパーがその役目を担うことになる。リーダーを務めるフォワードというのはあまりいないね」

「才能だけに頼らない、努力家で献身的な選手はきっと目標を達成することができる」

フステー「サッカーをしている子どもたちは、あまり深く考えずに、まずはサッカーを楽しむことが大切だ。育成年代のカテゴリーでは、勝つことは重要じゃない。負けることを知ること、相手の方が優れているかもしれないと理解することの方が重要なんだ。

下部組織の指導者はテクニックを重点に、特にトラップとボールコントロールを教えるべきだ。メッシのトラップは、まさにお手本だ。メッシがどうやってボールを止めるか、どうやってコントロール・オリエンタード（次のプレーに繋がるトラップ）をするか、是非子どもたちに学んで欲しい。あれは一朝一夕には身に付かないテクニックだよ」

フステー「才能だけに頼らない、努力家で献身的な選手は、きっと目標を達成することができる。楽な方に流れる性格の選手は、途中でたいてい諦めてしまう。私は自分がちょっと変わった性格の持ち主で無軌道なところがあると自覚しているが、引退したのは29歳の時だった。当時の私は獣並みに丈夫だったから、チームメイトたちと同じように、あと6年ほどは現役を続けられただろう。でもまあ、もう充分だと思ったのさ」

フステー「親？　私の時代も問題はあったさ。今との大きな違いは、昔は試合を見に来る親がほとんどいなかったということだね。だから、親からのプレッシャーは、そんなになかった。例えば私の父は畑仕事があったから、滅多に見に来なかった。1人名物だった父親がいたのを覚えているよ、フィールドにまで飛び出すこともあったからね。ボールを息子に回せ、サッカーを分かっているのは俺の息子だけだ……なんて怒鳴り散らしていた。

ＴＡＲＲサッカースクールで働いていた頃、私は親たちが完全に心を入れ替えて、子どもたちにプレッシャーをかけるのをやめ、子どもたちがサッカーを楽しめるようにしてあげて下さいとお願いしていた。親の言動がひどい時には、『あなたの言動が改善されない場合は、息子さんをチームから追放しますよ』と親を脅したこともある」

カルレス・レシャック
（バルセロナ出身、１９４７年生まれ）

チャーリーことカルレス・レシャックについては、今更紹介するまでもないだろうが、彼がバルサに関わってきた44年間を振り返ってみよう。下部組織の選手として５シーズン、トップチームのプロ選手として17シーズン、ルイス・アラゴネスやヨハン・クライフのもとでアシスタントコーチとして９シーズン、トップチームの監督として１シーズン、そして残りの期間はテクニカルディレクター、下部組織責任者、フベニールの監督として、実に人生の半分以上を、彼はバルサと共に歩んできた（※）。

（※監訳者注……レシャックは１９９７-９８シーズンに、横浜フリューゲルスの監督を務めた）

彼と一緒にいると、彼が24時間片時も休まずサッカーのことを考えているのが分かる。表向きには無関心を装いながら、実は隅々まで目を光らせているのである。幅広い経験から培ってきた彼のサッカー話は、本当に面白く、そして興味深い。もしチャーリーが実在する人物ではないとしたら、サッカー界のために、我々は彼を創り出さなければいけないだろう。

「毎日の遊びが私の運動能力を育ててくれた」

レシャック「赤ちゃんはよちよち歩きができるようになると、なぜかボールを蹴りたがる。こうして、誰もがみんな同じようにしてサッカーを始めるものだ。私には1歳半年下の双子の弟がいるから、いつも必ず誰か一緒に遊ぶ相手がいた。

すぐに自分にはサッカーの素質があると気付いて、サッカースクールに入った。ストリートでもたくさんサッカーをした。バルセロナ郊外に近いペドラルベスにある自宅のそばには、サッカー場が一つとたくさんの空き地があったからだ。昔はもっと外で遊んでいた。サッカーをやらない時は、走り回ったり、木に登ったり、ローラースケートで滑ったり、自転車で走ったり……と午後はずっと遊んでいた。こういった毎日の遊びが私の運動能力を育ててくれたのだろう。今の子どもは、1日2時間、週3日のチームの練習がある時しかサッカーをやらないで、それだけになっている。今の子どもたちは、やることが多すぎて忙しすぎるんだ」

「小さい頃から、プロのサッカー選手になりたいとハッキリ思っていた。ハッキリすぎるくらいにね」

レシャック「小さい頃は、独りよがりのプレーばかりしていた。相手チーム全員をドリブルでゴボウ抜きしてゴールを決めてやる、という欲望に取り憑かれていた。パスを出すのは、それしか方法がない時だけ。無軌道だったが、負けず嫌いでもあった。

だがそれは、サッカー選手として成功するための条件でもあるんだ。みんなサッカーは集団スポーツで、チームでプレーするものだというが、勝つためにはエゴイストにならなくてはいけない。常に出場するためには、チームメイトより上手くなりたいと思わなくてはダメだ。踏み付けられて黙ってしまうようでは、生き抜けない厳しい世界なんだ。

小さい頃から、プロのサッカー選手になりたいんだと思っていた。病的といっていいほど、強く思っていた。無意識だったと思うけど、絶対になれるんだと信じきっていたから、成功する日を夢見てワクワクしていたよ」

レシャック「子どもたちは、常に試合に出たいという気持ちを持つことが肝心だ。出られなかったら怒るくらいにね。小さい頃から、こういう熱心さがないとダメだ。

それと、いいサッカー選手になるためには、ほとんど生まれつきといっていいような資質が必要になる。磨くためには、磨くものが必要だからね。自分には類稀な素質があると信じて疑わないことも大切だ。

後は成長するにつれ、プレッシャーや多くの人の視線など、色んな要素がプレーに影響してくる。私はプレッシャーには強かった。むしろ、プレッシャーがあればあるほど、モチベーションが上がりいいプレーができた。母や人前でプレーする方がモチベーションが上がったよ。しばしば私は『さあ1点決めて黙らせてやる』と思っていた。成功するには、自己顕示欲が少し強いくらいが丁度いいと思う」

「バルサのトップチームに上がった時、それは夢が叶った瞬間だった」

レシャック「バルサのトップチームに上がった時、それは夢が叶った瞬間だった。それまでの出来事は、あっという間の出来事だったね。10歳か11歳から下部組織でプレーしていたけど、1965年のたった1ヵ月半で私の人生が変わってしまった。当時私はバルサのフベニールAでプレーしていたが、U-18（18歳以下）のカタルーニャ選抜として出場したスペイン選手権（U-18）で優勝し、U-18のスペイン代表にも招集されワールドカップ（U-18）に行くことになった。

その直後、サルバドール・アルティーガスが監督していたバルサのトップチームに呼ばれたんだ。最初は冗談をいわれているのかと思ったが、そうじゃなかった。私たちはサンタンデールに行って、コパ・デル・レイ（スペイン国王杯）の試合を4-0で勝ち、私はこの試合で初ゴールを決めた。

それまでずっと私よりも一歩リードしていた、リュイス・プジョル、ゴンサルボ、パレーデスといったカンテラのチームメイトより、私は先にデビューした。ついに、夢が現実になった瞬間だった」

レシャック「プロのサッカー選手になったが、私は何も犠牲にしていないと思う。まあ、試合の前夜、外出できないようなことはあったが、私は喜んで家にいた。翌日決めるゴールを夢で見て、時にはそのイメージ通りに試合でゴールを決めたこともあった。

何も失った気がしないよ。何も奪われていないし、努力したという気持ちもない。サッカーをプレーするという、自分がやりたいことをやっただけだ。夏のバケーションも、私は好きじゃなかった。あんなに長い間、サッカーをしないで過ごすなんてできないよ」

レシャック「プロチームのロッカールームのなかというのは、色々と複雑だ。サッカーはフィジカルコンタクトのあるスポーツで、試合だけでなく練習も戦いそのものだ。チーム内のポジション争いに勝つために、絶えず戦っているのがプロ選手だ。8、9人が仲良くなってグループが形成されることもあるが、全員が全員の友だちになるのは不可能だ。全員が互いに尊重し合っているのであれば、それで充分だ」

「育成年代のサッカーでは、時には負けることも必要だ」

レシャック「競い合うことを覚えるには、少し工夫をしなくてはダメだ。いつも勝ってばかりいると、競争の意味が分からなくなってしまうことがある。それはバルサの下部組織でも起きていることだ。

話をテニスに例えてみよう。君が試合をして、最初のセットを6-0で勝ったら、普通は、簡単に第2セットも勝つだろう。第2セットも勝ち、試合に勝ったとしても、それでは競争はしていないことになる。こういう場合は、ハンディキャップをつけるのがいい。例えば、第2セットはボレーだけでプレーする。慣れていなければ、君は第2セットを落とし、より大きいプレッシャーを受けながら第3セットを勝たなければならなくなる。

そうすることで、君は試合に勝つために競い合うことになる。これが競争することを学ぶということだ」

レシャック「育成年代では、時に負けることも重要だ。理由を説明しよう。バルサのカンテラでプレーしていると、『このレベルの相手なら、まず負けない』という試合がたくさんある。しかし、そういう相手とばかり戦っていると、力が拮抗した時に、慣れていないせいか、大事なところでミスをしてしまう危険性がある。

勝ってばかりいることは良くない。簡単に勝てることに選手が慣れてしまい、100パーセントの力を出さなくなるからだ。もしハーフタイムに3-0だったら、もう勝ったも同然だ。そういう試合を7−0や8−0で勝っても意味がないんだ。だから、指導者は選手たちに課題を与えて試合をもっと難しくするようにしなければならない。ワンタッチでプレーするとか、プレースピードをもっと速くするとか……。勝利の価値を高めるために、そういうやり方もあるんだよ」

「子どもに特別な才能があるなら、その才能を伸ばしてやるべきだ」

レシャック「天才的な才能を持ったサッカー選手は、育てるものではなく、生まれてくるものだ。他人がいくら頑張ってもできないことを、いとも簡単にやってのける。また、バルサのカンテラには、良い指導を受け、知性豊かで、サッカーをしっかりと理解した優れた選手がたくさんいる。この両方の要素が合わさると、リオネル・メッシのような、生まれつきの並外れた才能とバルサのサッカー文化が完璧に調和した選手が誕生するわけだ。メッシが規格外なのは、そういう理由さ」

レシャック「バルサの育成哲学は、たくさんの長所があるが、一つ気になる短所がある。カンテラの選手は皆、リズミカルなパス回し、正確なトラップ、そして速いパスなどをトレーニングを通じて習得しているが、一方で、ドリブル突破のトレーニングが少ない。ドリブル突破が得意な選手がいたとしてもだ。チームプレー主体の現代サッカーでは、ドリブルのスペシャリストがチームにいることは強力な武器になるから、もっとドリブルのスペシャリストを育てるように工夫しなければいけない。

子どもに特別な才能があるなら、その才能を伸ばしてやるべきだ。ドリブルやシュート、何でもだ。例えば、メッシは右足も上手いが、利き足は左だ。左足を更に磨けば、右もついてくるだろう。1000ゴールをあげて、そのうち800ゴールが左足で決めたなら、それで完璧だよ」

「成功とは自分で志したこと、自分が望むことを達成することだ」

レシャック「私にとって、成功とは自分で志したこと、自分が望むことを達成することだ。成功することができるのは、ほんの僅かな人たちだ。成功し続けるのは更に難しい。私は運良く達成することができた。語弊があるかもしれないが、ほとんど努力もせずに達成したと思っている。シュートとドリブルの資質のおかげで、いいプレーができたからだ。

私は努力をする選手よりも、才能のある選手を評価する。きっと賞賛すべきは努力する方だろうが、これが私の人生観だ。当然努力だって評価するが、どんな分野であろうと才能のある人を尊敬する。私はずっとそう思ってきたし、今後も変わらないだろう」

レシャック「今の私の夢は、一生スポーツを続けることだ。じっとしていられないんだ。テニスやパドルテニス、スキー、サイクリング……。もしスポーツができなかったら、ストレスが溜まってしまうだろう。テレビを見たり、音楽を聞いたり、ワインを飲んだりすることはやめられるが、スポーツはやめられないよ」

キケ・アルバレス・コスタス
（ビーゴ出身、1947年生まれ）

1971年に、キケ・アルバレス・コスタスは故郷ガリシアを離れてバルサに移籍し、バルセロナに住むことになった。9年間（1971-1980）バルサのディフェンスを務め、その後、下部組織の指導者としてクラブに残った。彼はバルサのサテライトチーム（バルサ・アスレティック）を何度も指揮した。

プロになるまであと少しという選手たちを教育することにかけては、彼は非常に優秀な指導者だ。現在のトップチームの《クラック（名選手）》の多く（プジョル、シャビ、イニエスタら）は、彼の指導を受けた後にトップチームへと旅立って行った。彼の行動にはいつも飾り気がなく分別があり、バルサのカンテラの指導者たちは皆、彼に一目置いている。

「色々なことが次々と起きた。求めてもいないのに」

キケ・コスタス「ほとんどの子どもと同じように、私も路上や学校の校庭でサッカーを始めた。私が通っていたビーゴの小学校には素晴らしいスポーツ施設があり、サッカーコートも複数あった。あそこで私はサッカーに熱中した。友だちと海岸で遊ぶのも、私にはとてもいい経験になった。

セルタ・デ・ビーゴ（ビーゴにあるプロクラブ）に入団するまでは、町内のクラブチームに所属していたよ。いったんセルタに行くと、勉強を続ける――つまりマドリードに行って兄たちのように大学に入学する――か、サッカーをするか、を選ばなければならなかった。私はフベニール（16～18歳）にいて、既にセルタ・デ・ビーゴのトップチームデビューを果たしていたから、サッカーを選ぶことにした。私以外の兄弟は全員大学に行ったため両親は不満だったが、私はサッカーが好きだったからビーゴに残ることを決めた。両親と自宅で暮らし、家族でやっている食料品店を手伝った」

キケ・コスタス「バルサと契約した時に、大きな変化が訪れた。今と違って、私がビーゴに住んでいた頃は、サッカー選手になることは大したことだと思われていなかったんだ。今のサッカー選手の年俸からみると、とんでもないくらい収入が低かったし、私はサッカーで食べていこうなどとは思ってもいなかった。マスコミも知らなかったし、外の世界に何があるかも知らなかった。そんな感じだったから、バルセロナへ来て、初めてこれは大変なことになったぞと気付いたんだ。求めてもいないのに、色々なことが起きた」

キケ・コスタス「私は22歳になっていたが、バルサの環境に慣れるのにとても苦労した。ホームシックにかかって、ちょっと辛い時期もあったよ。2シーズン目に、ビーゴに残してきた彼女がバルセロナに出てきて、私たちは結婚した。少しずつ変化にも慣れ、サッカーに集中できるようになった。このクラブでは、歯を食いしばって頑張るか、脱落するかのどちらかだからだ」

「1979年、バーゼルで行われたカップウィナーズカップの決勝戦はいい思い出だ」

キケ・コスタス「1979年、バーゼルで行われたカップウィナーズカップ（現UEFAヨーロッパリーグ）の決勝戦はいい思い出だ。素晴らしい快晴だった。会場につくとバルサのサポーターがスタンドを埋め尽くしていて、ゴール裏ではカタルーニャ州旗とバルサの旗が振られているのが見えた。感動的な眺めだったよ。決勝戦の前は少し緊張していたが、試合が始まると、忘れてしまった」

キケ・コスタス「私の引退は33歳の時だった。下位のリーグなら、どこかのクラブでプレーを続けることもできただろうけどね。色々と悩んだが、ほかの都市へ家族を連れて引っ越す気力がなかったので、バルセロナに留まることにした。バルサは私にとても良くしてくれ、下部組織のテクニカルスタッフとして働かないかといってくれたので、承諾した。

引退するのは辛かったが、妻は喜んでいた。指導者の仕事と、銀行の営業職を10年間両立させた。私はそこで、アルベサ、ビニャルス、パラウ、ピニーリャ、グアルディオラ、アルベルト・フェレール、ルセンド、サンチェス・ハーラ……といった選手を指導した。インファンティル（12〜13歳）やフベニール（16〜18歳）を指導した後、バルサCを指揮することになった時――当時はセグンダB（3部）にいた――私はこの仕事に更に真剣に取り組むようになった」

「別のクラブからのオファーもあったが、ここに残ることにした。子どもたちを指導するのがとても楽しかったからだ」

キケ・コスタス「ヨハン・クライフが監督としてクラブに来ると、私は銀行を辞め、監督業に専念することにした。サテライトチームを指揮したかったので、バルサと新しい契約を結んだ。それ以来、ずっとクラブに関わっている。

バルサを出て行く道もあった。ある年、スポルティング・ヒホンが私と契約したいといってきた。でも、子どもたちを指導するのがとても楽しかったので、結局バルサに残ることにした。指導する選手たちには恵まれたと思うよ。特に記憶に残っている世代は、後に「禿頭部隊（キンタ・デ・カルボ）」（※）として知られるようになる連中さ。アルナウ、ロカ、キケ、ミンゴ、ロジェール、セラーデス、トニ・ベラマサン、イバン・デ・ラ・ペーニャ、オスカル・アルポン、ハビ・モレーノ、ファン・カルロス・モレーノ。全員一緒にU-19（19歳以下）からサテライトチームへ上がった。彼らは小さい頃から一緒にプレーしていたこともあり、チームとしてとてもまとまりがあり、いいプレーをしていた」

（※監訳者注……「禿頭部隊（キンタ・デル・カルボ）」とは、レアル・マドリードのカンテラ出身者で作った「禿鷲部隊（キンタ・デ・ブイトレ）」に対抗してつけられたニックネーム）

キケ・コスタス「代理人や、息子を将来のスター選手だと信じて疑わない親たちに、人生を狂わせられてしまう悲しい子どもたちもいる。たまに、私は4部や3部リーグの試合を見に行くことがあるが、かつてバルサのカンテラに所属していたが、何か勘違いをしていた選手たちに再会することがある。彼らは決まって『やあ、監督！　監督がいっていた通りだったよ！』と私に向かって嘆いてみせるが、もう遅い。私は知識からではなく、経験からそういっていたのに」

キケ・コスタス「モッタとオレゲールの2人は、かなり珍しいケースだ。ティアゴ・モッタは私が受け持ったなかでも最上位に位置する選手の1人で、私たちのところでプレーしていた時は明確な考えを持ったとても穏やかな少年だった。その後、度重なるケガに見舞われ、それに加えてちょっとばかりの思い上がりがあったせいか、残念ながら、私が思っていたような選手にはならなかった。今はイタリアでまた頑張っているようだけどね。

逆にオレゲールの場合は、トップチームであんなに何年もプレーできるとは思っていなかった。バルサのカンテラに入団したのは、ずっと遅かったね。けど、素晴らしくフィジカルコンディションに恵まれていたし、類稀な頭脳の持ち主でもあった。プレー中の判断は常に正しく、無理なことはせず自分にできることを正確無比に実行していた。やはり、頭脳は重要だよね」

「指導者は選手たちと人間味のある付き合いをするようであってほしい」

キケ・コスタス「指導者である前に、私は1人の普通の人間でありたいし、選手たちと人間味のある付き合いがしたい。というのも、私が選手だった頃、そういう指導者の配慮が嬉しかったからだ。選手との間に信頼関係を構築するためにも、まずは選手を1人の人間として扱い、人間味のある付き合いをすることがとても大切だ」

アルベルト・ベナイジェス
(メキシコシティ出身、1955年生まれ)

ベナイジェスの名は、アンドレス・イニエスタの項で既に登場している。フエンテアルビーリャ村出身のイニエスタが口にした彼への感謝は、バルサのカンテラにおけるベナイジェスの貢献の大きさを物語っているといっていい。

ベナイジェスは様々な時期にバルサのカンテラで指導に携わり、様々な世代の何百人ものサッカー選手を指導することを通じて、育成年代のサッカーについての幅広い知識を持つに至った。教育畑の出身で、常に選手たちと人間味のある付き合いを心がけている人情深い指導者だ。アルベルト・ベナイジェスは、バルサのカンテラが現在のように国際的な評価を得るようになるために、陰で働いてきた人物の1人だ。

「サッカー選手の人間教育はとても重要だ」

ベナイジェス「私は4部リーグでプレーしていたが、指導者の仕事に関わるすべてのことがとても好きだった。サッカー選手としての未来はないと分かっていたので、いつか1部リーグ（リーガ・エスパニョーラ1部）の監督になることを夢見て、若いうちから指導に携わることにした。だが、どんなに早くスタートしようとも、1部リーグはとても遠い。今の私はこの育成年代のサッカーという環境から抜けられずにいる」

ベナイジェス「才能に恵まれていることと、日々の行動や努力は、サッカー選手の成長のカギとなる二大要素だ。しかし、この二つをクリアしても、成功が確約されるというわけでもない。私が今まで見てきたベンハミン（8歳〜9歳）とアレビン（10〜11歳）のカテゴリーの選手のなかで、最も才能を感じた選手はファン・カルロス・ピニーリャという少年だ。あんな素晴らしい選手は、後にも先にも彼以外私は見たことがない。ピニーリャはグアルディオラと同時代の選手たが、バルサC（バルサの3軍）より上に行くことはなく、結局、レヒオナル（地域リーグ）のチームで終わった。

小さい頃にどんなに素晴らしい素質を持っていても、その子がどこまで行けるかを見極めるのは、とても難しい。逆に、アンドレウ・フォンタス（2010年よりトップチームに昇格）のような逆のケースもある。バルサのフベニール（16〜18歳）に移籍してくるまで、誰も彼の才能を見出せなかった」

ベナイジェス「選手の将来が最も分かりやすいのは、身体の成長が落ち着くカデッテ（14～15歳）の世代だ。だが、彼らがどんな人格を持ち、サッカーとどんな向き合い方をする選手になるのかを判断するためには、思春期が終わるまで待った方が良い」

ベナイジェス「サッカーは集団スポーツで、我々育成担当者は人間的側面に大いに注意を向けなくてはならない。というのは、いくら技術的に、または身体的に高い資質があったとしても、人としてしっかりしていなければ、途中で挫折することになるからだ。夢を叶える者もいるが、その人数はとてもわずかだ。

優れた資質を持っているのにもかかわらず、素行不良やドラッグ、アルコールなどの問題を抱えているため、レヒオナル（地域リーグ）で甘んじている選手を見ると、とても残念な気持ちになる。要するに、サッカー選手の人間教育はとても重要なんだ。

バルサのトップチームに到達するためには、もちろんサッカー選手として優れていなくてはならないが、人間として礼儀正しく成熟していることも大切だ。また、バルサのユニフォームを着てプレーすることの意味を理解し、その重圧に耐える覚悟ができていることも重要だ」

「もしイニエスタがプロサッカー選手の道を諦めていたとしても、彼はきっと私に感謝してくれていただろう。ただ、誰もそのことに気付くことはなかっただろうけどね」

ベナイジェス「私は独り者だったから、週末にサッカーの試合を見に行く時は、カンテラの寮生たち、アンドレス・イニエスタ、ハビ・ルイス、マリオ・ロサスらを誘って一緒に連れて行った。彼らは週末も寮に残ることが多かったし、家族を恋しがってもいたから、気持ちを紛らわせる意味合いもあった。イニエスタの場合は、彼は辛い思いをしていたから、当時のことをよく覚えているのだろうし、辛い時期に家族以外の人が手を差し伸べてくれたことに深く感謝しているのだろう。

イニエスタとの出来事は、彼が世界でトップ10に入る選手に成長したから注目を浴びたけど、もしイニエスタがプロサッカー選手の道を諦めていたとしても、彼はきっと私に感謝してくれていただろう。ただ、誰もそのことに気付くことはなかっただろうけどね。

今はカメルーンから来ている子どもたちにも、同じようなことが起こっている。特に、小さい子には少し余計に気を配ってやらないといけない。両親を恋しく思うのは当たり前だからね」

ベナイジェス「子どもというのは、本来負けず嫌いなものだ。インファンティルＡ（13歳）に所属する頃までは、どこでプレーしようと、いつも２００％の力を出している。それ以降の年齢になると、様々なことが彼のパフォーマンスに影響を与えるようになり、競争心を失ってしまうこともある。子どもたちは、仲間よりもっと上手くなりたいと思い、競争心を燃やすものだ。育成担当者は、彼らが本来持つその競争心が失われないように、しっかりといい方向へ導いてあげなくてはいけない」

「バルサは勝利することで自分たちのプレースタイルの素晴らしさを証明し、それを人々に認めさせるのだ」

ベナイジェス「勝利は、様々な意味において、あなたのしていることを正当化する。バルサは勝利することで自分たちのプレースタイルの素晴らしさを証明し、それを人々に認めさせるのだ。

我々は常に勝たなければならないが、相手より正々堂々と、相手より優れたプレーをして勝つことが義務づけられている。それを貫くことで、更にバルサの哲学の信憑性が高まるからだ。我々にとっての成功とは、まさに今のように、スペイン代表チームにバルサの選手が7人いることであり、バルサのトップチームのうち11人がカンテラ出身の選手であることだ」

フリオ・アルベルト・モレーノ
(カンダース出身、1958年生まれ)

アストゥリアス出身の左サイドバック、フリオ・アルベルト・モレーノは、1980年代のバルサにおいてピッチを縦横無尽に駆け回り、チームを守り続けた。その姿は我々の心を捉えて離さなかった。

1982年、アトレティコ・マドリードからバルサに移籍し、1991年に引退した。彼は試合でも練習でもいつでもピッチにすべてを捧げ、山あり谷ありの人生を乗り越えてきた、感受性の強い人物だ。

現在はFCバルセロナのオフィシャルサッカースクールのディレクターとして、6歳から11歳の子どもたちの指導に情熱を捧げている。

「夢を達成するカギは、自分は絶対に夢を達成できるんだと信じることだ」

フリオ・アルベルト「サッカーを始めたのはアストゥリアスの海岸だった。仲間と集まって、裸足でサッカーをしたものだよ。みんなスポーツが大好きだったからね。

14歳の時、母とマドリードに引っ越した時、アトレティコ・マドリードの入団テストを受けたら、合格といわれたんだ。左ウィングでプレーして、たくさんゴールを決めた。あの頃は将来サッカーを仕事にするなんて全然考えていなくて、ただ楽しいからプレーしているだけだった。家が貧しかったので、それより家族の生活の方が心配だったよ」

フリオ・アルベルト「サッカーは楽しいものだ。私がサッカーを好きだったのは、サッカーが粘り強さや規律正しさといったものを私に授けてくれたからだ。サッカーをする子どもの親御さんには、節度と冷静さを保つことを勧めたいね。親が勝手な期待を抱かないように注意してほしい。サッカーへの情熱を子どもたちが持ち続けられるようにサポートし、サッカーが人間的成長に繋がることを子どもたちに理解させてほしい。

チームスポーツであるサッカーをプレーすることで、人を敬う気持ちや社交性が身に付く。そのためには、子どもたちが楽しみながらサッカーをすることが大事だ。そうしないと、成長してからサッカーを楽しむことができなくなるからね」

フリオ・アルベルト「プロのサッカー選手になるには、強い個性を持つことと学び続ける力が物をいう。私はとても強情で、上手く行くまでは絶対に諦めなかった。もっと上手くなりたい、一番になりたいと思い頑張り続けた。誰にもポジションを奪われないように、日々努力を怠らなかった。自主練習が必要だと思った時は、チーム練習の後にグラウンドに残ってボールを蹴り続けた。

フベニール（16〜18歳）からトップチームに上がった日は、本当に嬉しかったよ。その日、サッカーで生きていけるかもしれないと考え始めた。そして、アトレティコ・マドリードのトップチームでデビューした日、私の夢は叶った」

「もし時間を巻き戻すことができるなら、私は自分にもっと勉強しろというだろう」

フリオ・アルベルト「プロのサッカー選手にとって、家族はとても大切だ。パートナーとの関係が安定していることも大切だ。心に平穏をもたらしてくれるからね。独身だと、すこし不安が残る。絆のしっかりした家族やパートナーがいることは、サッカーでも人生でもカギになるものだよ。

　プロサッカー選手という職業の特徴や難しさをきちんと理解してくれている友だちに囲まれることも重要なことだ。サッカーに集中するためにも、プレーのパフォーマンスに悪影響を与えるような悪友ではなく、悩んでいる時にアドバイスをしてくれたり困難な時にサポートしてくれる友だちが必要だ。

　チーム内の友情も大切だ。私の時代はチーム内で、親友といえるくらいの厚い友情を育むことができた。残念ながら最近は、選手は頻繁に移籍するし、グローバリズムの影響でチーム内には複数の国籍の選手がいるから、昔より親友を作るのは難しくなっているね」

フリオ・アルベルト「名声は良いものでもあり、悪いものでもある。たくさんのものを与えてくれるが、たくさんのものを奪っていくことだってあるからだ。名声を得ると、プライベートの環境が大きく制限されて窮屈に感じる。一方で、多くの扉が開き、世界が広がり、人々から愛されていると実感できる。それはまるで夢の世界のなかで暮らしているようなもので、すべてがパーフェクトなんだ。
　しかし、夢が覚める瞬間はいつかは訪れる。ある日、突然夢は覚め、現実に戻されるんだ。今日夢のなかにいたかと思うと、翌日の朝には外にいる。しかも、その変化とギャップは凄まじい。引退した後、最初の2、3年はなかなか慣れることができなかった。環境を整え直さなくてはいけないし、新しい友だちも作らなくてはいけない。1日の生活リズムもガラっと変わるし、生活習慣も大きく変わる」

フリオ・アルベルト「もし時間を巻き戻すことができたら、私は自分にもっと勉強しろというだろう。あとは引退する2、3年前から、引退後の人生についてもっと準備をするべきだったと思う。また引退後にサッカー界から離れなかったほうが良かったのかもしれない。というのも、私の経験を後輩たちに伝えることはきっと有益だったろうと今になって思うからだ。活躍中の選手にも、そして引退を迷っている選手にもね」

フリオ・アルベルト「夢を達成するカギは、自分は絶対に夢を達成できるんだと信じることだ。自分のことを信じ、情熱を持って努力し続ければ、きっと道は開ける」

イオマール・ド・ナシメント・《マジーニョ》

（ブラジル出身、1966年生まれ）

マジーニョの愛称でサッカーファンに親しまれているこのブラジル人に、私が話を聞いてみたいと思った理由は三つある。まずは、彼が元プロサッカー選手だからだ（1994年、ワールドカップ・アメリカ大会で、ブラジル代表として優勝）。次に、彼が監督の役割を知っているからである（原著が出版された2010年当時、マジーニョはギリシャのアリス・テッサロニキで、ドナートとコンビを組んで指揮をとっていた）。そしてもう一つの理由は、バルサのカンテラでプレーし、芽を出している2人の選手、ティアゴ・アルカンタラとラファ・アルカンタラの父親でもあるからだ。

こうも色々と揃うと、マジーニョの話は最高に興味深い。選手としてブラジル代表や、バレンシア、セルタ、パルメイラス、フィオレンティーナなどで成功を収め、現在は盟友のドナートと一緒に監督業の冒険をスタートした。マジーニョは、自分自身のサッカー人生を満喫したいと思うかたわら、2人の息子の成長を気にかけている。ティアゴ（1991年生まれ）はもうトップチームでデビューを果たしており、ラファ（1993年生まれ）はフベニールに在籍中だ。

（※監訳者注……ティアゴは2001－12シーズンよりバルサのトップチームに完全昇格し、背番号11を背負っている）

「チャンスは明日訪れるかもしれない。そのチャンスを活かすには、準備ができていなくてはならない」

マジーニョ「息子たちには自主的に練習しなくてはいけないと、いつもいっているんだ。選手生活の間、監督が自分のことを信じてくれないこともあるし、物事が上手く行かない時期も必ずある。サッカー選手としての義務は、どんな状況であろうと毎回の練習に全力で取り組むことだ。チャンスは明日訪れるかもしれないから、チャンスを活かすために準備をしておかなくてはならない。

例えば、1990年のワールドカップ・イタリア大会では、私はブラジル代表のなかで3番手の右サイドバックだった。1人目、2人目のように有名ではなかったが、調子は良かった。監督は、私にトレーニングのペースを落とせといってきたんだ。先発で起用されていない私が実は一番調子がいいことが、練習を見ている人みんなに伝わることを嫌ったのだろう。

『いつも全力で練習に取り組むのが私のスタイルなので、ペースを落とすつもりはありません』と、私は答えた。監督が起用してくれないならそれはそれで構わないが、もしたった1分でもチャンスをもらえるなら、その1分を私は活かしたい。どんな状況でもモチベーションは失ってはいけない」

「一番大切なのは参加することじゃない。競争することだ」

マジーニョ「誰でもみんな競争心を持つべきだろう。息子たちがビーゴの学校に通っていた頃、彼らのフットサルのコーチがいつも『一番大切なのは参加することだ』といっていた。ある日、私は彼と話し合いの場を持ち、彼にいった。『あなたは間違っている。一番大切なのは参加することじゃなく、競争することだ』とね。

若者には、勝つことと負けることを教えるべきだ。勝つとは、組織のために自分の最善の努力を捧げることだ。そして、常に学ぶことを意識しなければいけない。特に、追い風の時は、学ぶことの大切さを忘れてはいけない。追い風が吹き、調子がいい時は、概して欠点や改善点が見えなくなりがちだ。そういう時こそ、学ぶことの大切さを思い出し、改善に取り組まなくてはいけない」

マジーニョ「私の母国ブラジルでは、少年が上位のカテゴリーでプレーできる能力を持っているなら、そうさせる。更に、クラブや社会の経済的な事情も、彼らの運命を左右する。ブラジルのサッカー選手たちはまだとても若いうちに、育成されたクラブのトップチームにデビューさせられるんだ。デビューが早ければ早いほど、速やかにヨーロッパに売ることができるからね」

マジーニョ「ヴァスコ・ダ・ガマ（ブラジルの有名クラブの一つ）が16歳の私を引き抜いた時、ほかのメンバーはクリスマスのバケーションの1ヵ月間、実家に帰って家族に会うことが許されたが、私は帰らせてもらえなかった。

あれから22年後、その時の監督に再会した時、なぜあんなことをしたのかと訊ねたら、彼は『許可したとしても、きっとお前は実家に帰らないだろうと思ったんだ』と答えた。

まさにその通りだった。私は家族ととても仲が良く、家族の状況もよく分かっていた。うちは7人兄弟に父、母、祖母がいた。そして、経済的に苦しかった。だから、みんなが食事を少しでも多く食べられるように、私はクリスマス休暇には家に帰りたくなかったんだ。サッカーで金が稼げるようになると、いつも家に仕送りしていた。家族を助けるために成功したかった。残念だったのは、父が結局プロ選手としての私のプレーを一度も見ることができなかったことだ。残念ながら、こういうことはブラジルではたびたび起こることで、このようなケースはブラジルサッカー界で私ひとりだけのことではない」

マジーニョ「私はブラジル北部の出身で、みんなと同じようにストリートサッカーから始めた。12歳までは主にフットサルをやっていた。サッカー選手の育成にフットサルは最高だ。頭がより素早く働くようになるからだ。敏捷性、スピード、テクニックを高めることもできる。

それから11人制サッカーに移り、16歳の時には既にサンタクルスのトップチームでプレーしていた。そして、あるトーナメントで注目されたことがきっかけとなってヴァスコ・ダ・ガマに移籍し、神のご加護のおかげでサッカーのプロ選手になることができた。小さい頃から一番好きなこと、つまりサッカーをしてずっと生きて行けたらいいなと思っていた。そして、その夢を私は叶えることができたんだ」

マジーニョ「もちろん、誰でも叶えられるわけじゃない。ブラジルでは子どもはみんなサッカーをやるが、だからといって、みんながプロになり貧困から抜け出せるわけではない。

例えば、私の時代は試合や大会の度に、ビールを賭けるのが当たり前だった。10、11、

12歳の子どもが大勢、試合後に酒を飲んでいたんだ。だけど、私はそういうのは好きじゃなかったから、真っ直ぐ家に帰っていた。友だちや親戚で、飲酒の問題を抱えていた実例を知っていたので、危険性が分かっていたんだ。優れた素質を持ちながら、アルコールのせいでプロ選手になれなかった人たちも知っていた。

だから、私はハッキリとした考えを持っていて、同年代の若者より分別があった。とにかくサッカーがしたくて仕方がなかったし、友だちの悪い影響には引きずられなかった。『トントン……家に帰らなきゃダメだよ』という心の声のようなものが聞こえていたんだ」

ギジェルモ・アモール
（ベニドルム出身、1967年生まれ）

ジョゼップ・グアルディオラは「ラ・マシア（FCバルセロナの選手寮）に住んでいた頃、アモールが僕のお手本だった」と、いつも語っている。アモールはカンテラの選手寮で8年間を過ごした。彼は入寮期間が一番長い選手だった。12歳で入って20歳でバルサのトップチームにデビューし、寮を出た。

クライフのドリームチームの中心選手として、常に目覚ましいパフォーマンスを発揮。

11シーズンにわたり、バルサのユニフォームを着続けた。礼儀正しく、誠実で、正直な模範的な人物である。彼と話していると安らぎと落ち着きが伝わってくる。特に興味深かったのは、ラ・マシアへの入寮についてのこと、学業とサッカーの両立についてのこと、そして2007年12月、バレンシアでの試合で解説者の仕事を終えてバルセロナに戻る時に起きた交通事故の話だ。事故以来、人生を以前に増して満喫していると、彼はいう（※）。

（※監訳者注……アモール氏は2010年7月よりFCバルセロナのカンテラの総責任者に就任した）

「何よりもサッカーを優先させて、ほかの多くのことを諦めるべき時がある」

アモール「ラ・マシアに入って、最初の数ヵ月は泣いてばかりだった。それは否定しないよ。実際、最初の2年間は慣れるのに苦労した。幼かったから、毎日が辛かった。大好きな人たちのことが恋しくて、色々なことが頭に浮かんできたんだ。時は過ぎ、私も人の親になった。親の立場になって今考えてみると、たとえ一時だとしても自分の息子を手放すと考えただけで胸が痛むよ。

いずれにしても、私はラ・マシアに12歳から20歳まで住んでいた。私たち寮生は20人前後の、少人数のグループだった。私は一番小さくて、一番年少だった。ほとんどはカタルーニャ州出身だったが、その後、ナイーム（セウタ出身）、やコベロ（ガリシア出身）のように、スペインの色々な地域からも選手がやって来るようになった」

アモール「あの頃の経験によって、私は早いうちから分別が身に付いた。自分より年上の少年たちと暮らしたおかげで、同年代の子どもよりも早熟だったと思う。勉強はあまり得意ではなかったが、その頃にした勉強は、今の生活にも生きている。特にプロになる直前の時期に、学業とサッカーを両立させるのは難しいが、人格形成のために、勉強は欠かせないのだと、この場を借りて強調しておきたい。第一、サッカーで成功すると誰が保証してくれるのか。子どもたちは、サッカー選手として成功できなかった場合のこともしっかり考えて、学業を疎かにしない方がいい。

私は17歳で人生の選択をすることになった。家族と離れて既に5年、勉強は上手く行っていなかった。この時期は、人生の大きな選択をしなければいけない時期だ。私の気持ちはハッキリしていた。常にサッカーを続け、サッカーを最優先にしていた私は、サッカーの道を突き進む決意をした。運良く、その後私は長い間プロ選手の道を歩むことができたが、もし運が良くなかったら、2、3年後には何をしていいかよく分からなくなっていただろう。また学校に入り直していたかもしれない。

だから学業とサッカーは、できるだけ両立すべきなんだ。やがて選択の時期がやって来る。でも、選択肢がなければ選ぶことさえできない。だから、しっかり勉強し、将来の選択肢を増やしておくことはとても大切なんだ」

アモール「ラ・マシアで過ごした8年間に、私は青春の宝物をたくさん失った。同年代のみんなが持っているであろう青春の思い出の数々を、私は持っていない。取り戻せない青春の日々。プロ選手を目指している若者のうち、いったい何人がサッカーのために青春の楽しい日々を諦められるのだろうか。

君はサッカーのために青春を犠牲にできるか。これはとても難しい質問だ。答えは自分にしか分からない。夢にどれだけの情熱を捧げているかにもよる。それはまるで高速道路を走るようなものだ。脇道も近道もない一本道をただひたすら突き進まなくてはいけない。一方通行だから後戻りもできない。出口はなく、途中にあるサービスエリアさえも諦めなくてはならない」

アモール「小さい頃は、将来のことなんて何も考えることなく、純粋にサッカーを楽しめるものだ。思春期に入ると、サッカー以外のものが視界に入ってくる。サッカーという1

本の道のほかに、様々な道が見え始める。女の子、パーティー、どんちゃん騒ぎ……。ここで決断して優先順位をつけるわけだが、決してサッカー以外は何もかも諦めろという話ではない。その時にしかできないことを試してみるくらいはいいだろうが、あまり深入りはしないことだ。もしサッカーに打ち込みたいなら、相応しい態度と適切なメンタリティーがなければいけない。毎日上達することを心がけ、決して夢を諦めないようにしなくてはならない。つまり、強い精神力が必要だということだ。私はサッカーが大好きだった。試合の前は集中し、終わると心のなかで良かったところと悪かったところを復習していた」

アモール「ビッグクラブのチームで確固たるポジションを獲得するためには、自分自身への要求水準を絶対に下げてはいけない。トップチームに昇格して、3、4試合出場したかと思うと消えてしまう選手がいる。理由は色々あるだろうが、順応主義というか、『ここまで来た。デビューした。俺は成し遂げたぞ』と満足してしまい、モチベーションを失ってしまう選手もいる。

だが、満足した瞬間にゲームオーバーだ。プロになるという夢を叶えたとしても、その後も引き続き夢に対する情熱を持ち続けなくてはならない。過去を生きることはできない。試合が終わったら、もう次の試合のことを考えないといけない。ただ、バルサのようなクラブではそれはとても難しいことだ。選手たちはいつもプレッシャーにさらされているからだ。私の下の子は、今、ベンハミン（8歳〜9歳）だが、もう既にすべての試合に勝たなければならないというプレッシャーを感じてしまっている」

「プロサッカーの世界はある意味、非現実的な世界だ」

「交通事故で、私の世界観は変わってしまった。以前は気付かなかったことに、今は色々と気付くようになったんだ。今まで以上に悲しくなったり、ちょっとしたことに無関心でいられなくなったりする。事故は本当に不快な出来事だったが、このようなショックな出来事だからこそ、目を開かされることもある。

以前は気にもとめなかった小さなことに価値を認めるようになった。例えば、健康であることがどれだけ素晴らしいことなのか、以前は全く感じなかったけど、今は痛いほど分かる。慣れてしまうと色々なことが見えなくなってしまう、という点において、交通事故後に私が感じたことは、プロを引退した直後に感じたこととよく似ている。

プロサッカーの世界は、ある意味、非現実的な世界だ。にもかかわらず、プロの世界のなかにいると、まるでそのなかで起こる出来事が『当たり前』のように思えてきて、その外の様子があまり見えなくなってしまう。そして、プロの世界から引退し現実社会に出ると、プロの世界がいかに非現実的な世界だったかにやっと気が付く。例えば、バルサにいれば何か問題があった場合、クラブがすぐに解決してくれる。交通違反の罰金も、マンションのことも、様々な手続きも……。それに対して、引退したら、もし罰金が課されたら、自分で銀行へ行って支払わなければならない。そうしないと、追徴金の知らせが届く。現実の生活とはそういうものだ」

ロドルフ・ボレイ
（バルセロナ出身、1971年生まれ）

私の親友でもあるロドルフ・ボレイは12シーズンもの間、バルサのカンテラの指導に携わった。彼はバルサのカンテラで最も多くのタイトルを獲得した監督である。彼のプロ意識と仕事への献身は、我々の素晴らしい手本である。とても働き者で、自分自身にもまわりにもとても厳しい。近年カンテラから出た才能ある選手の多くは、彼の指導を受けている。

2008年にギリシャで運を試してみようと決め、ギリシャ1部リーグに所属するイラクリス・テッサロニキFCのトップチームのアシスタントコーチに就任し、その後、同クラブの監督に昇格した。現在は、リバプール（イングランドの名門クラブ）のU‐18（18歳以下）のチームを指導している。将来が有望な指導者だ。

「87年世代は、ここ10年間のバルサのカンテラにおける最高の世代だ」

ボレイ「これまでに何度も、チームの勝利には感動させられてきた。言語や文化や習慣が違う様々な国から集まった、性格や考え方の違う若者たちが、一つのサッカー理念を共有しながら、みんなで切磋琢磨することによって目標を達成する姿は、本当に感動的だ。

チームとしての成功の秘訣は、常に助け合い、時に対決し、問題に向かい合い、解決法を見つけ、厳しい練習を積み、敗北から学び、勝利を満喫する、ということだ。チームが結束した時に発揮する素晴らしいパワーに私は感動を覚えるが、特に、チームを構築する過程で選手たちの間に育まれる強い絆に私は感動を覚える」

ボレイ「私がバルサにいた12シーズンの間に指揮をとったすべてのチームについて振り

返ってみると、もちろんどのチームも素晴らしかったが、87年生まれの世代（メッシ、セスク、ピケ、ビクトル・バスケス、マルク・ペドラサ、マルク・バリエンテ、シト・リエラ、トニ・カルボ……）が最高の世代だと私は思う。そして、この世代がこの10年間のバルサのカンテラで最高の世代だと断言しても、誰も気を悪くしないはずだ。

あの87年世代のチームは、サッカーに没頭し、勤勉で、人格的に素晴らしく、極めて才能があり、積極的で、柔軟で、戦術的に非の打ち所がなく、技術的に絶妙で、機敏で、学習能力も高く、プレーはクレバーで、インパクトがあり、団結心は強く、決定力があり、感受性があり、情熱に溢れ、観客の心をつかむ高い能力があり、究極の勝者のメンタリティーを兼ね備え……賛辞の言葉は際限なく出てくるよ。『最高のチーム』について語りたい時に出てくる言葉すべてが当てはまる。あのチームは本当に最高のチームだった」

「競争することは、才能ある選手を育てる最高の方法だ」

ボレイ「勝つことは重要だが、クラブの哲学を投げ出さずに勝つことにこそ意味がある。そして、競争することは、才能ある選手を育てる最高の方法だ。大会の決勝戦や、エスパニョールとのバルセロナ・ダービーや、権威あるトーナメント大会など、重要な試合からこそ選手たちは多くを学び飛躍的に成長することを、バルサのカンテラで指導に携わって来た12年間の間に確信した。また、こうした重要な試合での経験は、いつか訪れるかもしれないトップチームでのデビューに備えるために、とても効果的だと思う。

勝つことが非常に重要だということは、疑う余地がない。なぜなら、成長過程の選手たちの競争心を強化してくれるからだ。ずっと私は選手たちに、私の負けず嫌いな性格を伝えようと試みている」

ボレイ「バルサがスペイン全土に配置しているスカウトマンの仕事は、とても重要だ。私の経験上、どんな小さいクラブにも才能溢れる選手がいる可能性がある。だから、選手獲得という仕事はとても重要なんだ。

数多くのスカウトマンが毎週末にたくさんの試合を見て、何千人もの子どもたちがどんなプレーをしているか観察している。こうしたスカウトマンの地道な努力があるからこそ、今、私たちはカンプ・ノウでメッシ、シャビ、プジョル、イニエスタらのプレーを楽しむことができるのだ。ニコもそうしたスカウトマンの1人で、FCバルセロナのスカウトマンたちのなかでは、神格化されているといっていい」

第4章

子どもをサッカー選手にしたい親たちへ

親が子どもの教育に果たす役割

ここまで、プロ選手になることを夢見るサッカー少年のスポーツ面と人格面の成長に関する家族の影響について、色々と語ってきた。両親が子どもの教育に重要な役割を果たすのは明らかだ。実際、両親は子どもの教育の責任者である。そして、教師、指導者、友人、親戚は、子どもが両親から受ける総合的な教育や躾《しつけ》を補完するだけなのだ。子どもを育てる過程で、大多数の親は次のような疑問にさいなまれる。

教育するとは何か。
どうやって教育するか。
何をすべきで、何をすべきではないのか。
プロのサッカー選手を夢見る子どもに、何が有益で何が害になるのか。

教育するとは、子どもを社会に送り出す準備をすることだ。将来、大人として社会でしっかりと生活できるために必要な価値観を教え込むことだ。敬意、忍耐、犠牲、努力、謙虚さ……といった価値感を。

子どもを教育するとは、子どもが幸せになるように準備することでもある。子どもが努力によって手に入れたものを褒めてあげること以上に、子どもを幸せにする良い方法を私は知らない。プレゼントをたくさん与えたり、根拠もなく褒め続けたりしていれば、子どもにはいずれ不幸が訪れる。愛情を込めて躾け、努力を評価することによって、子どもたちには幸せが近づいてくるのである。

子どもは規律によって正されることを求めているが、しばしば私たち大人は子どものこの要求をしっかりと理解できていないことがある。子どもはどこに限度があるのかを知るために、自由奔放に生きる。大人たちは限度がどこにあるのかを子どもに教え、その限度を子どもが越えないように辛抱強く継続的に見守らなくてはいけない。これには粘り強さとエネルギーが必要だが、大人だからといって誰もが上手くやってのけることができるわけではない。

たびたび親は——私も含めて——子どもの教育や躾よりも、自分の休息を優先してしまう。例えば、子ども部屋にテレビがあるのは妥当なことだろうか。確かに子どもがテレビゲームをしていてくれれば、大人たちは自由な時間を手に入れられるが……。

しかし、これとは逆のケースもまた起こる。偏った良心から、親たちが子どもを過保護にしてしまうケースである。学校でもスポーツチームでも、教師や指導者が仕事を全うしようとすると、こうした過保護な親に攻撃を受けることがある。こうなると、親と学校、親と指導者の関係ががらりと変わってしまい、子どもたちは満足に学ぶことができなくなってしまう。

昔は、親は必ず教師の側についたものだった。今では、教師はいつも映画の悪役だ。昔、生徒が学校で何か問題を起こすと、親に話そうとなんてしなかった。更に叱られるのが目に見えていたからだ。今は、生徒が学校で問題を起こせば、すぐに親に助けを求める。そして親は、たいてい自分の子どもの言い分を認めるのだ。異常な事態だ。

「ノー」ということが教育だ。いつでも「イエス」と言うのは甘やかしである。どんなに媚びへつらっても、子どもがそれ以上、親を好きになるわけではない。それどころか逆に、親に対する尊敬を失うことすらある。

私はここで、友人のブランカが話してくれたことを思い出す。ブランカは流行のアクセサリーを扱う店で働いている。ある日、店のなかから見ていると、信じられないことに、男の子が店の外、ショーウィンドウの角で立ち小便をしていた。慌てて外に出て、そばにいた母親に、どうしてそんなことをさせるのかと問いただした。母親は子どもの行動をかばって、子どもに「かわいそうに我慢できなかったのね、あなたは悪くはないわ」といったのだという。呆気に取られたブランカだったが、賢い彼女はその子の母親にこう切り替えした。

「気にしないで。この子のおしっこを洗い流すのに私はたった5分無駄にするだけだけど、あなたは一生問題を抱えることになるわ」

若く早熟なサッカー選手の教育に必要なこと

若く有望なサッカー選手の教育について、ボージャン・クルキッチの両親、マリア・リュイサ・ペレス（母）とボージャン・クルキッチ（父）に聞いてみた。母親はモリエルサ（リェイダ県）の出身、父はセルビア出身だ。当時スペイン2部リーグに所属していたリェイダのチーム（CFモリェルサ）で彼がプレーしていた頃に2人は出会い、結婚し、ボージャン・ジュニアが生まれた。

息子は19歳でもう国際的に有名なサッカー選手になり、バルサのトップチーム（16歳でデビューした）に完全に定着した（※）。しかし、若くしてスター選手になった彼はまだサッカー選手としても、人間としても、成長を続けている。同年代の少年と同じように、ボージャンは時とともに成熟してきたが、注目の人物、同世代の若者のアイドルになってしまったことが、少々厄介の種になった。

ボージャンは、わずか10歳でバルサのカンテラに入団した時から将来を嘱望されていたが、彼は周囲の期待を裏切ることなく、バルサのあらゆる最年少記録を破っていった。ボージャンは今、立派なサッカー選手に成長したが、思春期から大人への移行が突然のことだったので、本人にとっても両親にとっても、それは簡単な話ではなかった。

（※監訳者注……2011年8月に、ボージャンはASローマに移籍した）

マリア・リュイサ「ボージャンはいつもずっと早熟だったの。15ヵ月で初めて保育園に行った日の様子をビデオに撮ってあるわ。最初にしたのがボールを手にとることで、放そうとしなかった。あれ以来、毎日ずっとボールを持ったまま、あっちへ行ったりこっちへ来たり。毎日、ずっとお父さんと一緒にボールで遊びたがっていたわ。

ベルプッジでサッカーを始めた時は、もうサッカーの虜だった。とても負けず嫌いで、ゴールを決めることができないと凄く怒っていたわ。いいプレーをしていても、自分でゴールを決められないとダメ。幸運にも、ほとんど毎試合ゴールを決めていたわ」

ボージャン・クルキッチ（父）「4、5歳の時、私が指導していたベルプッジのサッカースクールに入れた。とても小さかったが、確かにいつもたくさんゴールを決めていた。私は何も無理強いしたことはない。それどころか、あの子に関してはいつもとても慎重だった。8歳の時、ジョアン・マルティネス・ビラセカを介して、バルサのテストを受け、加入が決まった」

マリア・リュイサ「私たちの住まいはバルセロナからは120キロも離れていたけれど、私たちは全然迷わなかった。あの子の気持ちがとても強かったから。

最初のうちは、週に2日だけバルセロナまで通っていたわ。私が学校へ迎えに行って、あの子はバルセロナへ向かう車のなかではずっと眠り、練習して、それから帰りの車のなかで夕食のサンドイッチを食べて……それだけであの子はとても満足していたの。辛いだなんて思ってなかった。逆に、当たり前のことだと思っていたわ。あの子は幸せだったし、私もそうだった。

あの頃は、こんな物凄いことになるなんて思ってもいなかった。ただ少なくとも、規律が身に付く良いきっかけだとは思っていたの」

期待のかけすぎは子どもにプレッシャーを与えるだけ

ボージャン・クルキッチ（父）「私たちは一歩踏み出さなくてはならなかった。リエイダはあの子にとって狭くなっていたからね。バルサの指導者には、あの子には才能があり、それを証明する唯一の方法は、バルセロナに移住し才能溢れる選手たちと一緒にバルサでプレーすることだといわれた。

当時のあの子は、リニョーラの路上でしていたストリートサッカーで覚えたものしか身に付いていなかった。私たちはやってみようと決めて、それが奏を功したんだ」

マリア・リュイサ「でも、どんな成功の裏にも物語があるものよ。ボージャンがカデッテ（14〜15歳）の時、私はモリエルサでの看護婦の仕事を辞めることに決めたの。看護婦の仕事は私の生き甲斐だったけれど、ボージャンが学業とサッカーを両立できるよう手伝うためにね。私にとっては、水が入っているかどうかも知らずにプールに飛び込んだようなものだったわ。

私は仕事を辞めて、あの子とバルセロナに住むことにした。その2年前には、当時既に退職してリニョーラで年金暮らしをしていた私の両親が、バルセロナに移り住んでボージャンと暮らし、面倒を見てくれた。どんな場合でも、家族の空間を失いたくなかった。だから、今から少し前にあの子が高校を卒業した時は、とても嬉しかったわ。私たちにとって一番大切なのは、あの子の人間としての成長だもの」

ボージャン・クルキッチ（父）「幸い、ボージャンは私たちが彼に伝えようとしてきたことを、身に付けることができた。家族のなかでの幼児体験を通して学んだわけではないから、全く同じとはいえないが」

マリア・リュイサ「親は、離れたところから子どもを見守ることをお勧めするわ。簡単ではないけれど、期待のかけすぎは禁物よ。子どもにプレッシャーを与えるだけだもの。
　私たちはいつも、ボージャンの肩に余計な重荷を載せないようにしてきたのだけれど、それがトップチームに飛躍する時に役立ったと思うわ。物質的なものはそれほど大切じゃない、物は決して人の心を満たしてくれない、ということをあの子が理解してくれたのは、私たちにとって幸せなことだわ。人生では、自分のことをずっと満たしてくれるものを見つけるべき。友人とか、価値観とか、お金に換えられないものを……」

サッカー場で聞かれる親たちの無礼な言動

クルキッチ＝ペレス家の生き方は、若く早熟なサッカー選手の経歴をどう考えていくかの、いい見本になるだろう。彼らは本書に登場した多くの考え方や意見を実際に実行してきた。ボージャンの言動を観察すれば、若くして人生の大きな変化を経験したにもかかわらず、彼が地に足のついた好青年に成長したことは容易に確認できる。

それに対して、サッカー少年の親たちがたびたび口にする、内容のない決まり文句がたくさんある。カタルーニャの様々なサッカー場で耳にするありふれた台詞だ。どんなものか、いくつか引用してみよう。

「私にとって、子どもの勉強が一番大切だ」

このセリフはいってはいけない。本当にそう思っているのであれば、行動で示さなければいけない。試合や練習に付き添って行くのと同じ時間を、勉強を見てやるのに費やしたらどうだろうか。うちの子のプレーがどうしたなどと、ほかの親たちと話をする代わりに、学校の先生と教室での子どもの様子について話してみてはどうだろうか。カタルーニャの様々なサッカー場がどこにあるかを正確に知っている父親は多いが、一方で、息子の学校がどこにあるのかを、かろうじて知っている程度の父親も多い。

「私の息子は無邪気だから、いつも被害者になる」

恐らく自分の息子のことをよく分かっていないのだろう。子どもは皆、過ちを犯す。間違うのも教育の一部だ。

「サッカーは楽しく過ごすためのものだ、と息子にいつもいっている」

この言葉を、プロ選手を目指すために必要な能力が足りずにバルサのカンテラを去って行かなければならない子どもたちの親が口にするのならば、素晴らしい。だが多くの場合、そうではない。

「もう絶対に、サッカーの話も試合の話もしないことにしよう」

だったら、私が育成年代のサッカー場のバル（スペイン風喫茶店）に入る度に、同じ台詞を聞くのはなぜだろうか。

「あの監督はサッカーを分かっていない」

その監督はあなたの仕事を批判するだろうか。自分がされたくないことは、他人にもしてはいけない。


「私はサッカーのことは分からないが、息子はこのポジションでプレーすべきだろう」

私だったら、自分が知らないことについては語らない。


「息子にパスが回ってこない」

これについては、もはやコメントは不要だ。


私は今まで多くのサッカー場に足を運んだが、親たちの失礼な言動には、親の年齢も、経済的階級も、社会的地位も、知的レベルも関係がないのだと気付いた。

自分の息子の試合を見ている時、親は最も原始的な本能に突き動かされている。子どもたちは親を喜ばせようと一生懸命プレーしているのにもかかわらず、その子どもたちが呆れるくらいに、親たちの見苦しい言動がスタンドにはびこっている。審判に対する無礼な言動、対戦チームの親同士の暴言合戦、そして時には暴力沙汰まで起こることすらある。

親の無自覚なプレッシャーが子どもを潰す

我が国（スペイン）やラテン系諸国では、父親が息子のサッカーの試合を極端に重要視する。インターネット上に掲示板を作り、毎回の練習の後にコメントを書き込み、試合の前後にも更にコメントを書き込む……。

私の知っているほかの国々では、サッカー場にそれほど多くの人はいないし、少しいたとしても黙って見ているだけだ。もし晴れていたら、全員が陽の当たる場所で日光浴を楽しんでいる。そこまで極端になる必要はないが、親は子どもがサッカーを楽しむ時間を尊重してあげなければいけない。それだけで充分だ。

親は、我が子のスポーツ能力の限界を受け入れなくてはならない。学校では、我が子がある特定の科目が苦手だったり得意だったりすることを、親は何のためらいもなく話題にできるのに対して、サッカーやほかのスポーツの話となると、自分の子どもができないことを受け入れられなくなる。少なくない親が「うちの子どもが一番だ」といつも思っているのだ。

親が子どもの将来にかけるプレッシャーは、現代社会の深刻な問題になっている。我が子はクラスで成績一番にならなければいけないとか、スポーツチームのエースにならなければいけないとか、英会話を身に付け、楽器も上手く弾けなくてはいけない、といったプレッシャーを親から受けている子どもは多い。

何ということだ。小さな「スーパーマン」にならなくてはいけないとは……。一番良いのは、子どもの成長を見守ってあげることだ。どんな分野であろうと、伸びなければいけないのであれば自然と伸びるだろう。一番大切なのは人間としての成功だ。子どもが耐えられないレベルのプレッシャーを掛け、自分の子どもを燃え尽きさせてしまった親たちを、私は数え切れないほど目にしてきた。

子どもにとっては余暇の楽しみであるはずのスポーツに、家族の運命を託してしまった親たちは少なくない。好きなスポーツをプレーすることで将来生計を立てられるかどうか分からないのに、子どものスポーツ人生に付き添うために仕事を辞めてしまう親もいる。

個人スポーツでは、青春時代や幼年時代を犠牲にするようなことがとても顕著に見られる。世界大会で15、16、17歳で優勝する若きチャンピオンたちは、裏で気が遠くなるほどの練習をしてきたから勝てたのだ。これは、価値あることなのだろうか？

親たちはいつもこういって自己弁護する。子どもが自ら望んで選んだ道だ、子どもはこれで幸せなんだ、と。

確かにそれはそうだろう。しかし、子どもにほかの道を示したのだろうか。子どもはほかの選択肢を持っていたのだろうか。子どもが成功すれば幸せだが、目標に届かない子どもたちはいったいどうなるのだろうか。

第5章

教育者が子どもに与える影響

ラ・マシア――カンテラの聖地

さて、この辺りで、若きサッカー選手の育成段階における、もう1人の主役についても書いておくとしよう。それは学校の教師、教育者だ。そのためには、バルサでプレーする若者の多くが暮らす寮、ラ・マシアの施設を訪問しないわけにいかない。

サッカーファンには「ラ・マシア」の名で知られているラ・マシア・デ・カン・プラナスは、カンプ・ノウの北ゴール近くにある18世紀の建築物だが、ラ・マシアの概念はバルサのカンテラが収めた成功に伴い、世界的にその価値を認められた。1979年に選手寮として開所してから、今まで何百人という選手がここで暮らしてきた。なかには、本書にコメントを寄せてくれた者もいる（グアルディオラ、ビラノバ、イニエスタ、プジョル、アモール）。何よりもこの施設の目的は、修業段階に身をおくサッカー選手の人間的育成を守ることにある。つまり、若者たちの知性と人格の発達を促すことだ。

12歳から17歳辺りの子どもたちが暮らすラ・マシアには、もう一つの役割がある。それは、家族から遠く離れた子どもたちの心の支えになることだ。本物の家族の代わりには誰もなれないが、ラ・マシアでは家族からずっと離れていることの影響を最小限にとどめるために、寮生全員が仲良くなるように気遣い、寮生同士がしっかり結び付いたグループを作る取り組みをしている。それは子どもたちの社会的教育に役立つし、そこで生まれる人間関係は堅固なものになるのだ。

手近な例では、ジョゼップ・グアルディオラとティト・ビラノバの現在の友情は、ラ・マシアの屋根の下で育まれた。ラ・マシアの壁には、ここに寄宿し、ここで幸せ、悲しみ、郷愁、成功といった時を過ごしてきた選手全員の写真がかかっている。写真では誰もが夢見る表情を浮かべ、今、個々の夢を追っている寮生たちに力を与え励ましている。

バルサのカンテラで働く我々全員にとって、ラ・マシアは聖地のようなものであり、シウター・エスポルティーバ・ジョアン・ガンペール（バルセロナ郊外にあるFCバルセロナの総合練習場）に拡張移転してからも、聖地であり続けるだろう。

（※監訳者注……シウター・エスポルティーバ・ジョアン・ガンペール内に建設中だった新選手寮が完成したため、ラ・マシアは2011年6月30日に閉鎖された）

ラ・マシアで日々実践されていること

世界のグローバル化がサッカー界、もっと具体的にはバルサのカンテラへもたらす影響については本書のなかで既に述べたが、もちろんラ・マシアもこの現実から逃れられない。外国人選手の割合（特にアフリカや南米）は近年著しく増加し、そのためいくつかの行動指針については再検討が必要になっている。

現在、ラ・マシアでは異なる文化、民族、宗教の子どもたちが共同生活をしている。つまり様々な食習慣や社会習慣が同居しているのだ。みんな、ほかの寮生を尊重して共同生活をしなくてはならない。現在のラ・マシアの責任者も、その点に細心の注意を払っている。

このバルサの選手育成の聖地を統括するのは、ローラーホッケーの元ゴールキーパーで、寮長兼育成センター教育コーディネーターを務める、カルレス・フォルゲーラである。フォルゲーラに加え、彼とともに寮の管理に携わっているルベン・ボナストレとリカルド・ムニョスにも同席してもらい、私は本書で大事にしてきたテーマについて語り合う機会を得た。

ラ・マシアは、選手のスポーツ面の成長にとって理想的な施設だ。ここで行われている人間教育が、結果的にはサッカー選手としての成長に大きく役立っているからだ。子どもたちはサッカーをしている以外の時間のほとんどはラ・マシアで過ごす。ラ・マシアの使命は子どもの知力を強化し、成長を支援することにある。既に本書では、人間としての成長がなければサッカー選手としての成長はないと何度も述べてきた。フォルゲーラ、ボナストレ、ムニョスは、そのほかのラ・マシアのスタッフとともに力を合わせて寮生の教育と人格形成に情熱を注いでいる。

フォルゲーラ「我々の仕事は、子どもと直接関わる仕事だ。家族から遠く離れているので、彼らは寂しくて触れ合いを求めている。と同時に、子どもたちは寮内にルールが存在することを望んでいる。

お前たちはサッカーをするためにここにいるんだ、でも、ほかの60人と同じ寮に住んでいることを意識していないといけない、と私たちはいつも子どもたちにいっている。私たちは子どもたちの問題に対する向き合い方、つまりどのように立ち向かい、どのように解決するか、人格は備わっているか……を注意深く観察している。こうしたパラメーターがすべて重なり、その子の性格を作り出すからね」

ボナストレ「通常、ラ・マシアでの選手の振る舞いは、ピッチ上でのプレースタイルと深い関係がある。寮で集中して責任感ある行動ができる子は、サッカーと向き合う姿勢も良く、試合ではチームの責任を負ってプレーする。このピッチ内外の相関関係に関する例外は、ここ数年の間に1件しか記憶にない。

とても難しいことではあるが、ここで我々がしっかり努力すれば、子どもたちの素行をある程度は改善することができる。『息子の行儀が良くなりました。感謝します』と電話をかけてきた父親もいたよ。当時彼の息子はまだラ・マシアに来て3ヵ月しか経っていなかったけど、父親は子どもの成長を感じたようだ」

フォルゲーラ「例えば、ボージャンは小さい頃から人間的にも一流だった。彼が上のカテゴリーに昇格した結果、寮で仲良くしていた1歳年上の仲間のポジションを奪ってしまったことがあった。その子は結局、クラブを辞めて、ラ・マシアを出なければならなくなった。その子がラ・マシアを去る日、みんな泣いていた。出ていく子も、ボージャンも、寮のみんなも……。ボージャンは自分が上のカテゴリーに昇格したことで、彼の進路を断ってしまった自覚があったから、その子に謝っていた。でも、出ていく子はいったんだ。『心配するな。お前はとても上手いから、きっと成功するよ』ってね」

ボナストレ「トップチームに行った選手たちのことは、みんないい思い出になっているよ。カルレス・プジョルは、ラ・マシアでも既にリーダーだった。ビクトル・バルデスは、とても個性的だった。ボージャンは、いつもみんなに好かれていた。アンドレス・イニエスタは少し内向的だが、いつも思いやりのある心遣いができる好青年だった。

例えば、イニエスタがトップチームでデビューした日、ラ・マシアのスタッフのために、サイン入りユニフォームを2枚持ってきてくれた。いつも細かいことに気を配っていたけど、さり気なくするのが好きなんだ。

イニエスタは寮に来た当初、辛い思いをした経験があるから、ラ・マシアの小さな子どもたちをいつも気遣ってくれる。実際、クラブに対する愛情はここからでき始める。入ったばかりの子、外から来る子にとって、ラ・マシアは大きな家族のようなものであり、時間の経過とともにクラブに対して特別な感謝を覚え、トップチームに昇格した時には、その気持ちがプレーに反映される。私たちは、クラブと選手との間に絆を作ることにも一役買っているんだ」

フォルゲーラ 「トップチームに上がるためには、考慮しなければならない三つの領域がある。サッカー面――つまり技術、戦術、フィジカル。次に心理面――態度、性格、メンタリティー。そして社会面――つまり子どもを取り巻く環境、今まで教えられてきた価値観。この三つの要素の合計がその子のサッカー選手としてのアイデンティティーを形作り、プロサッカー選手になる可能性が高いのか低いのかを決定付ける。

例えば、イニエスタがフベニール（16～18歳）でプレーしていた時、既に明るい将来が待っているのは分かっていた。控えめで、ラ・マシアでも人目につかず、共同生活の問題はなかった。ピッチでは、チームで最年少なのに、いつもボールを要求し、チームメイトは彼がどこにいるかを探し、彼も隠れたりしない。心が広く、利己的なところはなかった」

ボナストレ「ラ・マシアとしては、子どもたちがホームシックを乗り越えられるように手を尽くすが、我々が何もできない時もある。それは以前住んでいた環境と出身地にもよる。例えば、アンダルシア地方から来た子どもたちは馴染むのが難しい。家族や友人との結束がとても強く、彼らと長い時間を一緒に過ごすことに慣れているからだ。いずれにしても、一番大切なのはラ・マシアにいたいという強い気持ちを持つことだ。この気持ちが、辛い時期を乗り越える支えになる」

フォルゲーラ「ラ・マシアに入寮するのに理想的な年齢は14歳から16歳の間だ。それより年上だと寮に入るにはあまりにも成長しすぎているし、これより年少だと寮生活に適応する際に問題が起こりやすい。この14～16歳の時期は、まだ心が柔軟で、規律や価値観を教え込むことができる。どんなに違う文化の地から来ても、選手が少しその気になってくれれば、みんな最終的には寮生活に適応できる」

ムニョス「私たちは、スポーツを離れた場で子どもたちがどんな態度を取っているかを知っている。寮でどのように行動し、どのように仲間たちと共同生活をしているかを観察している。子どもたちが、チームの規則や規律から離れたところで、社会的な関係を作る能力があるかどうかも見守っているんだ」

フォルゲーラ「我々ラ・マシアの責任者が寮でどんなことをしているか、それがよく分かる話をしよう。寮生とのある日の会話はこんな風だ」

「どうだった、今日は？」
「2-0で彼らの負けさ」
「『彼らの』とはどういう意味だい？　『僕らが負けた』といいたかったんだろう？」
「違うよ。彼らが負けたんだ。だって僕は出場しなかったもん」

フォルゲーラ「その子は出場停止になっていて、出場できないのでチームとの連帯感が薄れていたんだ。私は、ちょうどいい機会だと思って、子どもたちの前でサッカーはチームスポーツだとその子に説明した」

フォルゲーラ「また別の話だが、こんなこともある。ある日、ラ・マシアに泣きながら帰ってきた子がいた。プレーが悪かったと、監督がチームを叱った後のことだった。監督は『お前たちにはバルサのユニフォームを着る資格がない』といったそうだ。

その子は泣きながら、クラブに来てからずっとバルサのためにすべてを捧げてきたのに、監督にあんなことをいわれて悔しかったようだ。

私は監督とこの件について話し合った。その後、監督がその子に『お前の態度は正しかった』といったことで、やっとその子は落ち着きを取り戻すことができた。このように、私たちが仲介役を務めることもある」

スポーツ選手を育成する最高のプロフェッショナル

ラ・マシアの責任者として、フォルゲーラ、ボナストレ、ムニョスは、子どもが何かを犠牲にしなければ成功の可能性もないことをよく分かっている。11、12、13、14歳の子どもにとって、慣れ親しんだ環境を離れ、全く新しい場所で不確かな未来へと歩み始めるということは簡単なことではない。一つひとつのケースが特別で、1人ひとりの子どもが違う扱いを必要としている。

選手によっては、彼の家族の特徴や彼が属していた社会の特徴も影響しているのであろう、身内と遠く離れているにもかかわらず、苦もなくラ・マシアに完璧に適応する子がいる。一方、故郷や家族が恋しくて、集団生活に馴染むのが遅く、段階を踏んでもなかなか適応できない子もいる。

だが、子どもたちだけではなく、家族も同じくらい、あるいはもっと辛い思いをしている。家族は毎日、特に最初の数ヵ月は心配の日々を過ごす。助けてはやれないし、子どもと直接連絡がとれないので何度も無力感にさいなまれるのだ。

ラ・マシアのスタッフたちは、協力してこの問題に取り組まなければならない。寮生の快適さと満足を保証する使命があるからだ。例えば、もし父か母が子どもに電話して、親が電話口で泣きだしたら、子どもに悪い影響がある。子どもが、自分がラ・マシアにいることで家族が不幸になっていると感じてしまうからだ。多少の無理をしてでも、両親は新しい環境に慣れようとしている息子を支え、落ち着かせるようにしなくてはならない。

繰り返すが、これはとても大変なことだ。我が子の教育や躾の責任を他人の手に委ねることは、たとえそれがFCバルセロナのように能力の高い組織にであっても、親にとって決して喜ばしいことではない。

こうして、ラ・マシアは存続し続けている。30年前から、この空間はスポーツ選手の育成に理想的な施設のモデルとして高く評価されている。このような施設で、バルサの未来の選手たちを、人として、そしてスポーツ選手として育成するには最高のプロフェッショナルが必要だ。ラ・マシアは、バルサのように下部組織をクラブのアイデンティティーの柱の一つと位置づけているスポーツ団体にとって、非常に貴重な宝なのだ。

我々は、ラ・マシアに対して常に最大の注意を払い続け、そしてこの素晴らしい伝統をきちんと守り続けていかなくてはならない。なぜなら、ラ・マシアは未来への投資なのだから。

あとがき

本書で述べてきた様々な事柄を思い返すにつけ、育成年代のサッカーについて語るために時間を割いて下さった多くの方々に、心から感謝せずにいられない。皆さんのサッカーへの賢明な考察と惜しみない協力に感謝の意を表したい。本当にどうも有難う。

著者である私がインタビュアーとして満喫したように、読者の方々が本書に登場する数々の著名人の思慮深いコメントを楽しんで下さり、また学ぶところが少しでもあったのだとしたら幸いだ。

本書に登場してくれた人々の経験や、現在と未来への見解、サッカーを理解するための様々な方法は、本書の内容を豊かにし、また育成年代のサッカーに関して興味深い論議を読者に提起したいという、私のささやかな願いを支えてくれた。

プロのサッカー選手を目指す子どもであれば、必ず役に立つことがいくつも本書には書かれているはずだ。成功するためのカギは、できるだけ早いうちからサッカーを始めることだ。幼いうちは何時間でもボールを蹴ることに夢中になれるし、子どもの能力が急激に発達する時期だからだ。

カリキュラムが決まっている退屈な学校とは違い、自由奔放で楽しいストリートサッカーは、時間をかけないと身に付かない様々なテクニックを効率的に習得することに役立つだろう。天賦の才能を授かったとしても、自由な形でプレーしてその能力を磨かなければ、宝の持ち腐れだ。費やした時間に比例して才能の輝きが増すことには、疑う余地がないことを忘れてはいけない。

その後、必要になってくるのは、飛び抜けた身体能力、健康、強い競争心、集団意識、学ぶ能力、そして最後の一押しに出会えるために必要な少しの運。ここに更に付け加えるとしたら、いくつもの大切な価値観を伝授してくれる家庭環境と、夢に対する無限の情熱だ。これらが揃えば、成功への方程式の完成度はグンと高まるだろう。是非このレシピをメモし、そして決して忘れないようにしてほしい。

ここに書き出した要素は、一流になったサッカー選手のほとんど全員が共通して持っている要素だが、これを念頭に置いたうえで、本書に出てくるほかの重要なテーマについても振り返ってみたい。

育成年代では、勝つことと育成することのどちらが優先事項か。既に垣間見たように、本書でインタビューを受けた人のほとんどが答えているが、両者とも同じように重要であり、二つは密接に関連していることが多い。

この問題を更に掘り下げようとするなら、視点を少しひねってみるといい。「勝つことか、育成することか」を「競争することか、参加することか」に言い換えてみるのだ。どちらの場合も、答えは「二つとも同じように重要だ」ということになるだろう。

育成しながら、勝ったり負けたりしながら、競い合いながら参加するのである。どれか一つがほかのものを排除するわけではない。「勝つ」と「負ける」という概念は、あくまでもゲームの結果でしかない。そして、「競争する」ことでサッカーに魂が宿ることになる。競争なくして、ゲームは存在しない。

また、このテーマを考える際に、我々自身をそこに当てはめて考えてみるといい。私たちは、みんなそれぞれ人生を生きている。人生は二つのルールと一つの目的があるゲームのようなものだ。二つのルールとは、自然と社会というルールだ。目的はなんだろうか。それは、できるだけ長く、そしてより幸せに生きることだ。本書になぞらえるならば、人生において、私たちは、勝つ時もあれば負ける時もあるだろうが、その過程で日々成長しているのだということができるだろう。幸せな時も不幸な時もあるが、競争することを知っていれば、素晴らしい経験からも苦い経験からも学ぶことができる。そう、サッカーは人生と社会の縮図なのだ。

毎朝、我が子が目を覚ましたら、ゲームは既に始まっていることを教えてあげよう。「お前もこのゲームに参加しているんだよ」と、我々は教えてあげなくてはいけない。そして、両親も、教育者も、指導者も、子どもたちに競争することを教えなくてはならない。

最初は、自分自身との競争だ。自分自身の心にある怠惰、利己主義、個人主義などとの戦いに勝たなければいけない。その次に、人生を歩むために、そして社会の一員として認めてもらうために戦うことを教える。病気を避け、不正や不平等と戦い、団結や連帯を強めるのだ。すべては努力、情熱、献身、そして競争心とともに勝ち取ることができる。

勝ち得るものも多いだろうが、敗北の苦みも味わうことだろう。だが、勝ち負けの両方から学ぶことができるのだから、その方がいい。例えば、ティト・ビラノバとマジーニョが語ったように、勝った時は、落ち着いてここまで導いてくれた道についてじっくり考えてみると良い。そして負けた時は、敗北を受け入れることを学ぶ。つまり、正当な怒りと悲しみの時間を過ごした後に、ため息を1回ついて、反省し、立ち上がってもう一度始める……競争し続けるのだ。人生でもスポーツでも、勝利と敗北は私たちに人間としての尊厳を与えてくれるだろう。

本書はただの1冊の本ではあるが、それ以上のものになってくれればと願っている。社会のなかで子どもたちを育てる責任を担う私たち大人が、自分自身を見つめ直すきっかけに本書がなってもらえればと願っている。

子どもたちが夢を叶えるために必要な力を見つけるために、協力しようではないか。

子どもたちの夢は、同時に私たちの夢でもあるのだから。

【著者略歴】

アルベルト・プッチ・オルトネーダ

(Albert Puig Ortoneda)

1968年生まれ。FCカンブリルスのインファンティルチームを監督し、同市内のベテランス・サッカースクールに勤務、その後、レウス・デポルティウと契約した。FCバルセロナのオブザーバーとして、当初タラゴーナ県、次にカタルーニャ州全域を担当。

2002年、バルサの下部組織のスタッフとなる。アレビンBを2シーズン率い、2008年からはインファンティルBを監督している。また、カタルーニャサッカー協会のコーチングスクールで教師を務めている。

受賞歴:スペインスポーツ高等委員会のエレナ王女賞、エルネスト・リュチ財団のスポーツマンシップ賞、ジョアン・クレウス・スポーツマンシップ賞、スポーツマン祭典の『スポルト』紙のフェアプレー賞、カタルーニャサッカー協会のフェアプレー賞、カンブリルス・スポーツマンシップ賞など。

【監訳者略歴】

村松尚登

(むらまつ・なおと)

1973年生まれ、千葉県出身。千葉県立八千代高校、筑波大学体育専門学群卒業。同大サッカー部OB。

1996年、日本サッカーが強くなるためのヒントを求めて、スペインに渡る。その後、バルセロナを拠点に8クラブのユース年代以下の指導に携わり、2004年10月には、スペインサッカー協会が発行する上級コーチングライセンスを取得した。

2005年、スペインサッカー協会主催の「テクニカルディレクター養成コース」を受講。2006年から、FCバルセロナのジュニアスクールで12歳以下の子どもを指導している。

ブログ(http://www.plus-blog.sportsnavi.com/naoto/)では、指導の日々や戦術的ピリオダイゼーション理論に基づく指導論などをつづっている。

2009年9月より、FCバルセロナスクール福岡校(FCBEscola Fukuoka)のコーチに就任。

著書に『テクニックはあるが、「サッカー」が下手な日本人』(武田ランダムハウスジャパン)、『FCバルセロナスクールの現役コーチが教える バルサ流トレーニングメソッド』(アスペクト)、『スペイン人はなぜ小さいのにサッカーが強いのか』(ソフトバンク新書)、『スペイン代表「美しく勝つ」サッカーのすべて』(河出書房新社)がある。

監訳者エージェント:アップルシード・エージェンシー

FCバルセロナの
経営者が語る
企業戦略

ゴールは偶然の産物ではない

FC バルセロナ流 世界最強マネジメント

フェラン・ソリアーノ／著
(2003 ～ 2008 年 FC バルセロナ最高責任者)
本体 1600 円＋税
四六判・上製・272 頁
ISBN978-4-902222-80-7

「僕の愛するバルサの全てが書かれている最高の本！」

――リオネル・メッシ 絶賛

毎シーズン計上され続ける損失、増加の一途をたどり、1 億 8600 万ユーロまで及んだ巨額損失
――破綻寸前だった FC バルセロナをわずか 4 年で再生し、世界№ 1 クラブへと導いた経営者の戦略がここに明かされる！

アチーブメント出版
公式ツイッター
@achibook

公式フェイスブック
http://www.facebook.com/achibook

公式メールマガジン
http://www.achibook.co.jp
(HP トップからメールアドレスを入力するだけの簡単登録)

FCバルセロナの人材育成術
なぜバルサでは勝利と育成が両立するのか

2011 年（平成 23 年）9 月 29 日　第 1 刷発行
2011 年（平成 23 年）11 月 9 日　第 2 刷発行

著者 ―――― アルベルト・プッチ・オルトネーダ
監訳者 ―――― 村松尚登
発行者 ―――― 青木仁志

アチーブメント出版株式会社
〒141-0031　東京都品川区西五反田 2-1-22　プラネットビル 5F
TEL 03-5719-5503 ／ FAX 03-5719-5513

翻訳 ―――― 井上 知
翻訳協力 ―――― 有限会社 隙間産業
装丁 ―――― 轡田昭彦
本文デザイン ―――― 南 貴之（4U design）
印刷・製本 ―――― 株式会社ケーコム

ISBN 978-4-905154-15-0